Ascanio Trojani - Marisa A. Aloia - Marlis Molinari

Strumenti Giuridici e Tecnici per la Perizia su Testamenti

I Libri del Perito

I Libri del Perito - II
Strumenti Giuridici e Tecnici per la Perizia su Testamenti
© 2014 Ascanio Trojani - Marisa A. Aloia - Marlis Molinari
ISBN 978-1-291-76448-2
Crimine.it - Lulu, Roma 2014

Marisa A. Aloia - *Psicologa e Grafologa Forense - Scienze Medico-Legali Univ. Siena*
Ascanio Trojani - *Criminalista, Perito Grafico e Documentale, Trascrittore*
Marlis Molinari - *Criminologo, Mediazione Penale e Familiare, Avvocato*

I Libri del Perito
Collezione a cura di Ascanio Trojani e Marisa Aloia
editor @ peritare. it

Le informazioni presenti in questo volume sono fornite *sic et tal*, senza alcuna responsabilità - ad esempio ma non esclusivamente - per mancati profitti o errata utilizzazione. Il Lettore è tenuto a validare autonomamente le informazioni qui fornite nel proprio ambiente di lavoro.

In copertina - Testamento Olografo del 1963, foto di Ascanio Trojani

I Libri del Perito - II

Strumenti Giuridici e Tecnici per la
Perizia su Testamenti

Indice

Introduzione . . . . . pag. 7

Parte I
La Successione e il testamento . . . . pag. 9

La Successione *mortis causa* . . . . pag. 11
Il Testamento . . . . . pag. 21

Parte II
La Scrittura nel Testamento -
  - Psicologia e Grafologia . . pag. 37

Parte III
La Scheda Testamentaria e
  le Scritture Comparative . . . pag. 61

La ricerca del testamento . . . . pag. 63
L'accesso ad atti e documenti . . . pag. 65
Collazione e fotoriproduzione . . . pag. 68
La ricerca delle scritture comparative . . pag. 69

Parte IV
Giurisprudenza e Normativa . . . pag. 75

Giurisprudenza . . . . . pag. 77
Normativa . . . . . pag. 91
Il testamento dei ciechi . . . . pag. 115
Il testamento olografo redatto da curatore speciale . pag. 117

Bibliografia . . . . . pag. 121

Introduzione

Con questo volume sui *testamenti in perizia grafica* si aggiunge un altro titolo alla collana "I Libri del Perito" ideata da Ascanio Trojani e Marisa Aloia.

Ancora una volta abbiamo cercato di proporre la giurisprudenza e la normativa nella visione e nel linguaggio *del perito*, concentrandoci sulle conseguenze delle norme sull'accertamento tecnico in maniera sintetica ed agile, per quanto sia consentito dalla estrema complessità dell'argomento.

La *perizia su testamenti*, infatti, è forse quella dove l'aspetto normativo più influisce sulle scelte tecniche, dove in un solo scritto si sovrappongono innumeri livelli economici, sociali, affettivi, legali, clinici, filosofici.

Questo volumetto è dedicato principalmente agli *aspetti tecnico-legali*, riservando alcune delle prossime uscite della serie ad alcuni aspetti specificatamente *peritali*.

Sinteticità ed *agilità* non consentono, chiaramente, di esaurire il vastissimo tema, che il Lettore potrà affrontare anche facendo riferimento alla bibliografia riportata al termine della trattazione.

Parte Prima

La Successione e il Testamento

*Hase de hablar como en testamento,
que a menos palabras, menos pleitos.*

Baltasar Gracián y Morales -
Oráculo - Manual y Arte de Prudencia 1647

La Successione *mortis causa*

La **successione** *mortis causa* è il fenomeno per cui si subentra nei diritti e nei rapporti economici di una persona defunta.

I diritti e i rapporti economici - che infatti sopravvivono all'individuo - danno carattere *derivativo* alla successione, ed è quindi necessario che detti diritti e rapporti esistano e siano in capo all'originario titolare al momento della sua morte: si lascia in eredità solo ciò che, alla fine, si ha. La successione può però comprendere anche alcuni rapporti *in via di costituzione*, come ad esempio l'accettazione di una proposta contrattuale irrevocabile (art. 1329 c.c.), o di una proposta fatta dall'imprenditore nell'esercizio della sua impresa (art.1330 c.c.), la ratifica di un contratto compiuto in nome del defunto da rappresentante privo di potere (art. 1399 c.c.) o ancora l'accettazione di una eredità devoluta al *de cuius* (art. 479 c.c.) prima del suo decesso. La successione, infine, riguarda sia il *lato attivo* che il *lato passivo* del rapporto: vanno in eredità anche i *debiti*, in sostanza.

La Legge considera, regolandoli e tutelandoli, sia l'**aspetto patrimoniale** della successione, sia gli aspetti **non patrimoniali** con valenza civile (il riconoscimento di un figlio, la richiesta di essere cremato). Il *de cuius* deve, come detto, **possedere** un patrimonio da lasciare.

Sono consentite, **ma non tutelate**, le disposizioni morali e affettive quali la richiesta di celebrare riti a proprio nome o *desideri* sui comportamenti degli eredi: se questi non intendono *volersi bene*, la Legge non potrà costringerli a rispettare tale desiderio del defunto.

La successione è *ineluttabile*, come ineluttabile è la morte, per necessità d'ordine e interesse pubblico, acché i rapporti giuridici del defunto non muoiano con lui, diventando *res nullius*, attribuendo all'erede la funzione sociale ed economica di assicurare la continuità dei rapporti giuridici attivi e passivi del *de cuius*.

Il patrimonio, *lato sensu*, non si trova alla mercé dei predoni al momento del decesso, ma viene trasferito in capo ad altri soggetti ben individuati - gli *eredi* - che ne assumono la titolarità e le responsabilità conseguenti.

Il **procedimento successorio** si svolge nei tre momenti della **apertura della successione, della vocazione e della delazione.**

L'apertura della successione è regolata dall'art. 456 c.c. che ne fissa l'inizio al *momento della morte del de cuius*, in modo istantaneo. Da tale momento decorrono la maggior parte dei termini di Legge, dalla *accettazione* dell'eredità e la *redazione dell'inventario* alla *valutazione della capacità di intendere e di volere* del *de cuius* e della eventuale *indegnità* dell'erede.

Il *momento della morte* ai fini successori è quello di *morte clinica*, oggi indicato come il momento della cessazione irreversibile della attività cerebrale. La *Legge 29 dicembre 1993, n. 578 (norme per l'accertamento della morte)* dispone che la morte si identifica con la cessazione irreversibile di tutte le funzioni dell'encefalo. Si tratta di una disciplina organica, complessa e assai dettagliata, attuata poi dal *Decreto Ministeriale 22 Agosto 1994, n. 582.*

La morte è un **fatto pubblico**, nel senso che deve essere riportato sui registri dello stato civile, che ne costituiscono legittima presunzione sino alla presentazione di prova contraria.

L'art. 4 c.c. definisce l'istituto giuridico della *commorienza*, stabilendo che quando la morte dei soggetti interessati avviene in conseguenza di un *unico incidente o infortunio*, senza che sia possibile individuare con certezza il preciso momento del decesso di ognuno, questi risultano morti nello stesso momento (*giorno, ora e minuto*).

Anche alla *dichiarazione di morte presunta* consegue l'apertura di una successione, fermo restando che la successione è effetto giuridico della morte e non della sentenza che la dichiara su base probabilistica - la sentenza deve comunque contenere l'indicazione del giorno e - se possibile - dell'ora della morte presunta.

Non è il luogo fisico del decesso a fissare il luogo dell'apertura della successione, ma l'*ultimo domicilio* del defunto. La dichiarazione di successione e la competenza territoriale del Tribunale e della Cancelleria del Tribunale competente per le cause ereditarie e gli atti di cui agli artt. 52 e 53 delle disp. att. c.c. sono infatti quelle dell'*ultimo domicilio anagrafico*.

La **vocazione** (o **chiamata all'eredità**) è la individuazione dei *successibili* (art. 457 c.c.) e può avvenire, tassativamente, per volontà del *de cuius* manifestata per mezzo di un testamento (la **successione testamentaria**) o, in assenza questa, secondo Legge (**successione legittima** o *ab intestato*). La vocazione, in sostanza, definisce il *modo* in cui avviene la successione.

La **delazione** è l'offerta del patrimonio ereditario a uno o più soggetti che hanno il diritto di accettare o rifiutare. La delazione definisce *chi* è chiamato, dal testamento o dalla Legge, a succedere.

La designazione è invece l'individuazione di un soggetto precedentemente l'apertura della successione, nel solo nel caso previsto dall'art. 50 c.c. per l'immissione in possesso temporaneo dei beni dell'assente.

Nei casi ordinari, **vocazione** e **delazione** sono situazioni *speculari* e corrispondono cronologicamente.

La **successione legittima** ha luogo, definendo i *successibili*, se e solo se il *de cuius* non abbia provveduto ad esprimere la propria volontà - in mancanza, quindi, di **successione testamentaria**.

Il **testamento** è il **solo ed unico** negozio *mortis causa* previsto dal nostro ordinamento. Corollario ne é il **divieto di patti successori** (art. 458 c.c.) ovvero il divieto di poter disporre di una eredità propria o altrui per *convenzione*, rendendo inefficaci gli accordi con cui un soggetto dispone della propria successione (patti costitutivi o istitutivi) o di una successione ancora non aperta (patti dispositivi o *pacta corvina*), ovvero rinuncia a questa (patti abdicativi o rinunciativi). La tavola che segue riassume i vari tipi di **patti successori**.

Tipi di Patti Successori
art. 458 c.c.

Patti confirmativi
impegnano a lasciare l'eredità a soggetti specifici

Patti rinunciativi
impegnano a rinunciare all'eredità prima dell'apertura della successione

Patti dispositivi
impegnano a disporre dei beni di una successione non ancora aperta

Patto di Famiglia
art. 658bis c.c.

UNICO AMMESSO

TUTTI VIETATI
art. 458 c.c.

Il solo ed unico **patto successorio** ammesso nell'ordinamento italiano, è quello riconosciuto all'imprenditore per *concordare* con i suoi familiari, nel corso della propria vita, le regole per la successione nella proprietà e nella guida dell'impresa di famiglia. All'imprenditore viene cioè riconosciuto il diritto di indicare chi, tra i propri eredi legittimi, potrà essere in grado di guidare adeguatamente l'impresa di famiglia, dovendo poi *compensare* gli altri eredi legittimi con attribuzioni di valore equivalente (in denaro ovvero altri beni mobili o immobili)

Il **patto di famiglia** è stato introdotto nell'ordinamento italiano con la *Legge 14 Febbraio 2006, n. 55*, "*Modifiche al codice civile in materia di patto di famiglia*", recepito nell'art. 658 bis c.c. superando per questo specifico ed unico caso il divieto dei patti successori.

Alla *stipula* del **patto di famiglia, proprio per la sua natura,** prendono obbligatoriamente parte **l'imprenditore, i discendenti** ai quali intende trasferire l'impresa, nonché *il coniuge e tutti coloro che sarebbero legittimari ove in quel momento si aprisse la successione nel patrimonio dell'imprenditore.*

Assegnatari dell'impresa di famiglia potranno essere **esclusivamente i discendenti** dell'imprenditore - non solo i figli, ma anche i nipoti, riconoscendo il diritto dell'imprenditore a scegliere chi, secondo lui, ha migliori capacità a gestire l'impresa. La norma è assai chiara su chi possa *succedere* all'imprenditore, escludendo successibili diversi come, principalmente, il coniuge - che deve però sempre partecipare all'atto - o i fratelli.

Trattandosi di deroga a *norma imperativa*, la Legge va interpretata in modo *restrittivo* e non è suscettibile di estensione analogica.

Come accennato poc'anzi, non tutti i diritti sono trasmissibili in conseguenza del decesso del titolare.

Non si trasmettono, tra gli altri, i *diritti reali* legati alla persona del titolare (diritto d'uso e di abitazione, usufrutto), i diritti *intuitu personæ* (vitalizi, rapporti di lavoro), i diritti di socio nelle società di persone (come si vedrà in seguito, nel caso di specie si ha unicamente diritto alla liquidazione della quota societaria), i diritti morali d'autore, i titoli onorifici.

Si deroga al **principio di unità della successione**, nelle cosiddette **successioni anomale**, come nella *successione nel maso chiuso* nella provincia di Bolzano, nelle indennità di fine rapporto nel caso di morte del lavoratore (art. 2122 c.c.), nel contratto di locazione di immobili urbani adibiti a uso di abitazione (Legge 27 Luglio 1978, n. 392), in alcuni casi previsti dal diritto agrario e societario.

La **successione legittima** ha quindi luogo solamente in assenza di una successione testamentaria, considerando prevalente la volontà del *de cuius*, ma tenendo *in particolare e sostanzioso conto* nella sua strutturazione dell'istituto familiare e della solidarietà tra i suoi appartenenti.

L'ordinamento italiano, in questo caso, comprime fortemente la libertà di disporre della propria eredità con il testamento, e ciò per effetto dalle regole della cosiddetta **successione necessaria**, riservando obbligatoriamente a favore di determinati stretti familiari **una rilevante quota del patrimonio** (la cosiddetta **quota di legittima**). Si osserva, in margine, che la *legittima* è una *facoltà*, non un *obbligo* poiché il *legittimario* può sempre rinunciare alla sua quota o a parte di essa. Anche in caso di testamento, vanno riservate precise quote del patrimonio ai legittimari.

Il terzo comma dell'art. 457 c.c. identifica i diritti riservati ai **legittimari,** ovvero quei soggetti cui la Legge riserva una quota irriducibile dell'**asse ereditario**, denominato per l'appunto **quota di legittima o di riserva,** contrapposta alla quota, detta **disponibile**, di cui potrà disporre liberamente il *de cuius*, ma solo ed esclusivamente per testamento.

Sono soggetti **successibili** il coniuge, i discendenti, gli ascendenti e i collaterali, lo Stato. Sono **legittimari** il coniuge, i figli (discendenti) ed in assenza di questi gli ascendenti. I collaterali (fratelli, cugini) non fanno parte dei legittimari.

La quota di legittima e la quota di riserva variano secondo il numero e il concorso dei legittimari, secondo quanto previsto dagli artt. 536 c.c. e segg. , secondo il metodo della **quota mobile,** calcolando il valore dell'**asse ereditario** secondo l'art. 556 c.c.

Il *de cuius* non può intaccare la quota di legittima durante la sua vita con *donazioni* o con la redazione di un testamento nel quale i predetti congiunti siano *preteriti* o addirittura *diseredati*. La possibilità di destinare beni a soggetti non legittimari è sempre esprimibile, ma estremamente compressa.

Le *donazioni* o il testamento che ledano le quote dei legittimari sono però pienamente validi fino al momento in cui il legittimario - dimenticato, leso o diseredato - non agisca in giudizio con una *azione di riduzione* delle donazioni o delle disposizioni testamentarie lesive della legittima, ma sempre entro la quota loro spettante.

La sentenza 14473/2011 di Cassazione Civile impone al legittimario che propone l'azione di riduzione l'onere di *allegare e comprovare tutti gli elementi (utili) per stabilire se, e in quale misura, sia avvenuta la lesione della sua riserva* oltre che proporre istanza per conseguire la legittima, previa determinazione della medesima mediante il calcolo della disponibilità e la susseguente riduzione delle donazioni compiute dal *de cuius*.

Si ha **successione legittima** o **intestata** sia nel caso che il defunto non lasci testamento sia nel caso, piuttosto frequente, che il testamento stesso non contempli tutti i beni a lui appartenuti al momento della sua morte.

Le sorti della quota di patrimonio non riferibili a una quota testamentaria sono disciplinate dalle norme della successione legittima, tenendo però sempre debito conto dell'accrescimento della quota dei legittimari.

L'**asse ereditario** è definito dalla formula sacramentale *relictum più donatum meno debiti*, in cui il *relictum* è la massa di tutti i beni appartenenti al defunto al momento della morte, il *donatum* sono i beni di cui il defunto ha disposto in vita a titolo di donazione, i debiti sono quelli in essere sempre al momento del decesso (il cosiddetto *passivo ereditario*).

Il fondamento logico della successione legittima, ovvero la presunzione che il *de cuius* avrebbe comunque favorito i suoi familiari qualora avesse redatto testamento, non può chiaramente valere oltre certi limiti, quando cioè la consanguineità sia talmente lontana da far presumere che non ci sia mai stato nessun contatto tra questi - e se contatto ed interesse vi fosse mai stato, si presume di converso che il *de cuius* avrebbe provveduto con la redazione di un testamento. Pertanto, la Legge dispone che, se il defunto non ha parenti **entro il sesto grado** il suo patrimonio viene *integralmente* devoluto allo Stato.

I *familiari* cui fa riferimento la norma sono *esclusivamente* quelli appartenenti alla famiglia cosiddetta *tradizionale* o *adottiva*, non riconoscendo tutte le *aggregazioni* non fondate sui rapporti di matrimonio (come inteso dalla Legge) o di consanguineità, oltre ai rapporti adottivi. Le norme sulla successione, sono state infine modificate dal *Decreto Legislativo 28 dicembre 2013, n. 154* in cui ai figli - siano essi nati *fuori del matrimonio* o al suo interno - è riservato lo stesso identico trattamento normativo.

Il diritto ereditario italiano non riconosce le istanze di parificazione, nemmeno parziali, alla famiglia tradizionale, di quelle che comunemente sono indicate come *nuove famiglie*, in particolare alle *unioni di fatto* tra soggetti *non sposati*. La costituzione ed il mantenimento di un nucleo stabile non è ancora presupposto sufficiente per garantire anche una minima forma di tutela al convivente superstite, neppure se differenziata dalle garanzie e dai benefici riconosciuti al *coniuge legale*.

Una forma di tutela di queste istanze sono i cosiddetti **contratti di convivenza,** nei quali la coppia, *comunque sia formata*, mutualmente stabilisce le regole della propria vita comune, sia per quanto attiene ai *rapporti patrimoniali* (sia in vigenza che in caso di cessazione della convivenza) che per alcuni *rapporti personali*, quali la eventuale designazione dell'amministratore di sostegno o del riferimento legale in caso di malattia o morte di uno dei componenti.[1]

Il *contratto di convivenza*, chiaramente, vincola integralmente **le sole parti contraenti**, ma **non** i terzi; ad esempio, se la coppia sceglie di regolare il proprio patrimonio in un regime, genericamente, di *comunione dei beni*, ad ogni singolo atto di acquisizione patrimoniale dovrà necessariamente seguire un atto pubblico di attribuzione ad entrambi dei beni acquisiti.

Come si vede, si tratta di atti pubblici, necessariamente redatti ante un pubblico ufficiale, che esulano dall'argomento di questo volume; l'interesse peritale è comunque presente in tema di verifica delle firme e nei casi di valutazione della capacità di intendere e di volere.

Nell'ordinamento corrente, rammentando il divieto assoluto di patto successorio (e nello specifico di *testamento mutuo*), che renderebbe nullo qualsiasi contratto in merito, il testatore dovrà tenere conto della esistenza o meno di legittimari, disponendo, in piena autonomia, della **sola quota disponibile** a favore dell'altro componente la coppia.

---

[1] La complessità dell'argomento ben giustificherebbe la estrinsecazione dei generi possibili: *il, la, altro, altra*. Per mera questione di leggibilità, il Lettore faccia conto che il testo sia astrattamente redatto in *forma neutra*.

Il Testamento

Il **testamento** (art. 587 c.c.) è un atto revocabile con il quale si dispone, *per il tempo in cui si avrà cessato di vivere*, ora per allora, di tutte le proprie sostanze o di una parte di esse.

Il testamento è quindi un negozio giuridico, unilaterale e non recettizio, *mortis causa*, revocabile, tipico, unipersonale e solenne, soggetto a **precisi requisiti di forma**.

Il testamento è **unilaterale e non recettizio**, perché ha effetto a prescindere dall'accettazione di colui che verrà chiamato all'eredità e dal momento in cui ne verrà a conoscenza; è *mortis causa* perché i suoi effetti si produrranno solo ed esclusivamente dal momento della morte di colui che lo ha redatto, il *testatore*; è **revocabile**, perché sino al momento della morte il testatore potrà revocare o modificare l'atto, integralmente o parzialmente; è **tipico** perché è il solo e unico atto previsto dall'ordinamento civile italiano con cui si può disporre delle proprie sostanze per quando si avrà cessato di vivere; è **unipersonale**, perché la volontà del testatore non può essere sostituita in alcun modo da quella di un'altra persona, non si può, cioè, *delegare un terzo*; è **formalizzato, perché deve - a pena di nullità - essere redatto nei modi previsti espressamente e tassativamente dalla Legge** (artt. 601 e segg. c.c.) per la necessità di assicurarne la provenienza dalla persona del testatore - non è infatti valido il testamento *nuncupativo* (il c.d. *testamento orale*) proprio perché nel nostro ordinamento vale il principio per cui la volontà testamentaria non espressa nella forma di uno dei testamenti disciplinati dalla legge **non ha valore**: non valgono perciò come testamento, ad esempio, le espressioni formulate da un infermo sul letto di morte oppure le confidenze fatte a persona di fiducia.

La condizione di *unipersonalità* porta come corollario il già descritto divieto dei patti successori.

Deve, inoltre, essere soddisfatto il **principio di certezza**, ovvero devono essere evidentemente ed univocamente individuati i soggetti beneficiari del testamento. Tra i beneficiari certamente individuabili la Legge considera le *disposizioni a favore dell'anima* (art. 628 c.c.) e *dei poveri* (art. 629 c.c.) qualora siano determinati i beni da impiegarsi.

La **revocabilità** si materializza con una semplice manifestazione di volontà, in particolare quella dell'*olografo*, possibile sino al momento della morte, non tollerando alcuna influenza o condizionamento.

Il testamento è negozio **formale** poiché è consentito di disporre dei propri beni solo con modalità fissate dalla Legge, **tutte accomunate dall'uso della scrittura.**

Le forme consentite per la redazione del testamento sono quelle **ordinarie**, costituite dal **testamento olografo** e dal **testamento per atto di Notaio, pubblico** o **segreto**, ovvero nella forma del **testamento internazionale,** mentre le forme **speciali** o **eccezionali** sono vincolate a circostanze di luogo o di evento che non consentono il ricorso alle forme ordinarie (*malattie contagiose, calamità pubbliche, a bordo di nave o di aeromobile, il testamento dei militari*).

IL TESTAMENTO OLOGRAFO

Il **testamento olografo** è caratterizzato (art. 602 c.c.) dalla **forma scritta, redatto integralmente per mano del testatore, e dalla obbligatoria indicazione della data e della sottoscrizione.**

La mancanza di *uno solo* dei tre requisiti invalida il testamento.

Nel caso in cui il testatore - ad esempio in conseguenza di un incerto stato di salute o per mera carenza di istruzione - rediga la scheda con l'ausilio di **altro soggetto che gli guidi la mano**, il testamento sarà da ritenersi **invalido per mancanza del requisito dell'autografia**, a *nulla rilevando l'eventuale corrispondenza del contenuto della scheda testamentaria alla reale volontà del testatore* [2].

Data e sottoscrizione non sono surrogabili da nessun altro elemento che colleghi il testamento al suo autore, nemmeno nel caso delle firme del *de cuius*, unitamente alle parole *mio testamento*, su una

---

[2] Cass. II Sez., 7 Luglio 2004, n.12458

busta contenente la scheda testamentaria[3] perché non garantirebbero in merito all'obbligo di conservazione e di *riferibilità incontestabile* della scheda al suo autore.

Il *testamento olografo* è quindi la forma testamentaria più semplice, economica e riservata, in quanto richiede i soli tre *requisiti* di Legge, che ripetiamo: che il testo sia per intero scritto a mano dal testatore, che il testatore scriva la data in cui redige il testamento e che il testatore apponga la propria firma *alla fine* delle sue disposizioni. Non sono ammessi strumenti di scrittura meccanici o elettronici, né è possibile che il testamento sia scritto, sotto dettatura, da un terzo.

La **sottoscrizione** deve essere collocata *alla fine* del testo, perché ne costituisce l'approvazione riassuntiva - non quindi *a margine*, fatta salva l'impossibilità, per mancanza di spazio. Non è necessario che la firma sia formata da nome e il cognome del testatore - è lecita la sottoscrizione anche con il solo nome, il solo cognome, addirittura uno *pseudonimo* o una *diversa espressione letterale*, purché sia possibile identificare *con certezza* il testatore.

Se la sottoscrizione manca - o non è di mano del testatore - il testamento è *nullo*.

L'apposizione *al termine* delle disposizioni ha carattere di *volontà conclusiva* da parte del testatore, tanto che una firma posta in posizione centrale rispetto al testo, rende valide *le sole disposizioni che la precedono*, e non quelle che la *seguono*.

La **data** - indicante giorno, mese ed anno - può essere apposta in qualsiasi punto della scheda, persino sulla *busta* che la contiene. L'assenza o la incompletezza della data è causa di annullabilità, mentre la **non** veridicità (*sempre se autografa!*) della data **non** è causa di invalidità, anche se la incertezza temporale può portare con sé gravi questioni legate alla priorità tra più testamenti, alla sopravvenienza di eredi legittimi, alla capacità del testatore al momento della redazione delle sue ultime volontà.

---

[3] Cass. II Sez. , 1° Dicembre 2000, n.15379

Non sono previsti requisiti specifici per quanto riguarda il **supporto** sul quale redigere il testamento: non è necessario utilizzare carta *da bollo* o altri supporti con particolari caratteristiche, anzi. È prima di tutto possibile la redazione su più fogli, purché vi sia un evidente collegamento *fisico e logico* tra questi (pagine numerate, ognuna firmata e datata, contestualità della scrittura, etc.). Mancando una specifica norma circa il tipo di supporto, l'olografo possa essere validamente scritto su *qualsiasi superficie*, purché abbia caratteristiche tali da *apparire perfetto e completo* al momento della pubblicazione.[4]

Qualora il testamento olografo non sia stato redatto su supporto cartaceo o simile, o che abbia caratteristiche e dimensioni che ostacolino una convenientemente *manusabilità* nella pratica ordinaria degli archivi notarili, se ne dovrà eseguire una riproduzione fotografica - secondo le norme di *buona tecnica archivistica* - da allegare all'atto della pubblicazione. In genere, la dottrina ritiene che il supporto documentale dovrebbe essere idoneo alla sua conservazione nel tempo.

Quanto alla **scrittura**, la Giurisprudenza annota che deve essere quella abitualmente usata dal testatore, o comunque a questo riferibile, normalmente in corsivo, con qualche riserva per lo stampatello. *Individualità, normalità e abitualità* sono le caratteristiche richieste.

Tra i requisiti formali **non** è compreso quello della *regolarità e leggibilità della scrittura*, salva la necessità che il testo autografo sia *decifrabile*, affinché sia univocamente accertata la volontà del testatore. Tale chiosa interessa il testamento redatto da persona affetta da *disgrafia*; in tal caso il Notaio, o il Giudice in caso di impugnazione, può avvalersi dell'apporto conoscitivo del perito, per ottenere una *decrittazione* del testo.

---

[4] Gli Autori hanno esperienza diretta dell'olografo di un artista romano scritto *ad olio su tela* (70 x 100 cm) - con tanto di telaio (*Trojani*), di un altro sul frontespizio di un *Messale Romano*, tanto da essere scoperto dal robivecchi cui i parenti lo avevano frettolosamente venduto insieme ad altri beni del *de cuius* (*Molinari*), o ancora quello redatto nello spazio libero di una pagina rosa della *Gazzetta dello Sport* (*Trojani*), o dell'altro risalente al 1932 sul tovagliolo di carta del *Palazzo del Freddo di Giovanni Fassi* a Roma (*Trojani*).

La stesura di un testamento può avvenire anche *progressivamente*, in tempi e luoghi diversi, purché siano soddisfatti i requisiti canonici (autografia, firma, data) - la data apposta sulla scheda è quella che avrà valore di riferimento. Ha quindi piena validità il cosiddetto *documento asincrono*, redatto cioè in diverse fasi, fatta salva la dimostrazione (a carico del ricorrente) di eventuali irregolarità.

In merito alla presenza sulla scheda di *scritte riconducibili a persona diversa dal testatore*, queste non inficiano la validità del testamento, nella parte che soddisfa i requisiti di forma. In particolare, la presenza di un *codicillo* proveniente da mano diversa non influisce sulla validità del resto della scheda, permanendo la nullità sulla sola parte che non risponde al requisito di autografia. Per estensione del principio, un intervento di vera e propria *alterazione del testamento ad opera del terzo* non è in genere tale da determinare l'invalidità della scheda per difetto di olografia, purché sia possibile individuare (anche grazie all'apporto conoscitivo della consulenza tecnica) la *originaria e genuina volontà del testatore*, depurando la scheda dalle alterazioni, e che l'intervento alterativo sia *coevo alla redazione della scheda stessa*. Questa ultima condizione non viene però recepita da tutti i giudicanti.

Infine, ricordiamo che *qualsiasi* caso di *mano guidata* invalida il testamento, *anche nel caso che la volontà espressa sulla scheda corrisponda alla effettiva volontà del testatore*. Sola eccezione all'univoco orientamento della Suprema Corte la si ha nel caso di *mano guidata* nella redazione della *data* dell'olografo, perché l'assenza di tale elemento è causa non di *nullità* ma di *annullabilità* del documento.

Un testamento olografo in fotocopia, è da ritenersi valido ? In generale, no, ma non tanto per la mancanza del requisito di *autografia*, quanto per la presunzione che l'originale sia stato *revocato* dal *de cuius* attraverso la sua *distruzione*, dopo essere stato fotoriprodotto. Potrà, eventualmente, essere accettato (ma solo dopo l'intervento giurisdizionale) se sarà possibile dimostrare che la scheda originale esisteva *al momento* della morte del testatore e che, chiaramente, non esistano atti revocativi successivi. [5]

È pacificamente valido il testamento redatto in lingua diversa dall'italiano, tanto che se il Notaio la conosce potrà egli stesso eseguirne la traduzione da allegare alla pubblicazione; in caso contrario dovrà essere nominato un perito per la bisogna. Qualora non sia possibile riprodurre il contenuto letterale della scheda con l'alfabeto italiano (perché scritto in cinese, devanagari, arabo, cirillico...) , se ne potrà riportare anziché il testo originale la traduzione.

Anche il *testamento valido secondo altra legislazione* è pubblicabile in Italia, anche se *invalido* secondo la Legge italiana (si pensi ai testamenti anglosassoni, dattiloscritti e sottoscritti dal testatore in presenza di testimoni), per l'art. 48 della *Legge 31 maggio 1995, n. 218, Riforma del sistema italiano di diritto internazionale* : *Il testamento è valido, quanto alla forma, se è considerato tale dalla legge dello Stato nel quale il testatore ha disposto, ovvero dalla legge dello Stato di cui il testatore, al momento del testamento o della morte, era cittadino o dalla legge dello Stato in cui aveva il domicilio o la residenza.*

La *cifra* del testamento olografo è, in conclusione, la sua *semplicità e immediatezza*; i suoi punti critici sono invece quelli della frequente assenza di una guida specialistica, ovvero della *reperibilità* dello scritto dopo la morte del *de cuius*. Il problema della *conservazione* e della *rintracciabilità* della scheda dopo la morte del testatore comprende anche il rischio che questa finisca in mani *interessate* alla sua distruzione.

---

[5] Sempre considerando le esperienze professionali degli Autori, si riferisce (Trojani) di un testamento il cui contenuto *in fotocopia*, veniva datato e sottoscritto *a penna* dal *de cuius*, con l'aggiunta di un *codicillo*, scritto *a matita*, che però cancellava. Nel caso in esame tutti gli eredi, legittimi e non, accettavano senza riserve le volontà del defunto - il *codicillo*, per la cronaca, fissava un legato per il mantenimento dello *scottish terrier* del testatore, deceduto però prima del padrone, giustificando così la cancellatura.

Il *testamento olografo*, pertanto, può essere validamente redatto da chi sia in grado di *scriverne per intero il testo e sottoscriverlo* - in mancanza di dette capacità, il testatore può accedere ad altre forme di testamento che gli consentano una chiara e valida espressione delle proprie ultime volontà.

IL TESTAMENTO PUBBLICO

Le esigenze di *incontestabile riferibilità*, adeguata conservazione e di conformità agli obblighi di Legge (grazie ad una guida specialistica) sono realizzate nel **testamento pubblico,** ricevuto dal Notaio che, alla presenza di due testimoni, *riduce in forma scritta* le volontà del testatore (art. 603 c.c.), che sottoscriverà in calce il testo, letto dal Notaio, insieme ai testimoni.

Pubblico non significa che il contenuto del testamento verrà in qualche modo divulgato prima del decesso, ma sta a indicarne la redazione *da parte di un pubblico ufficiale* (il Notaio, per l'appunto), che ha il dovere della *estrema segretezza* circa l'esistenza del testamento e sul suo contenuto. Qualora il Notaio depositario cessasse la sua attività, il testamento verrà trasferito presso l'Archivio Notarile competente.

Il *testamento pubblico* può essere stipulato dal *muto*, dal *sordo*, dal *sordomuto* (*Legge Notarile - art. 57, legge 16 febbraio 1913, n. 89*) - se è anche incapace di leggere, è richiesta la presenza di *quattro testimoni* (art. 603 c.c.). Sul *testamento dei ciechi*, si rinvia alla *IV parte* del presente volumetto.

Il testamento pubblico è accessibile anche a chi non sa o non è in grado di leggere e/o scrivere (ed in particolare, sottoscrivere); in tal caso il testatore deve rendere una specifica dichiarazione, *supportata da adeguata motivazione*, ad esempio con una certificazione clinica, al Notaio, che dovrà riportarla nell'atto.

In particolare, *il cieco è ritenuto in grado di firmare (art. 2, Legge 3 febbraio 1975, n. 18),* salvo prova contraria che deve essere fornita al Notaio.

Il testamento segreto

Nel **testamento segreto** (art. 604 c.c), infine, la scheda testamentaria *scritta dal testatore o da un terzo, e comunque sottoscritta dal testatore in ogni sua pagina*, viene consegnata *chiusa* al Notaio, che redige verbale di deposito garantendo così la riferibilità dell'atto al suo autore nonché la conservazione del documento sino a revoca esplicita o alla morte del sottoscrittore. Non può redarre *testamento segreto* chi non sa leggere oppure la *persona non vedente*. Chi sa leggere ma non sa scrivere deve dichiararlo al Notaio all'atto del deposito.

Il ritiro del testamento segreto (art. 685 c.c.) ad opera del testatore dal Notaio o dall'archivista, non importa revocazione, qualora la scheda possa valere ancora come *testamento olografo*, chiaramente se e solo se la scheda in oggetto soddisfi i requisiti di forma imposti - non può essere considerata *olografo*, chiaramente, la scheda scritta da terzo o a macchina.

Il testamento internazionale

Una ulteriore forma di *testamento per atto di Notaio*, è il **testamento internazionale**, previsto dalla *Convenzione di Washington del 26 Ottobre 1973*, recepito nel nostro ordinamento dalla *Legge 29 novembre 1990, n. 387*, con vigenza a partire dal *16 Novembre 1991*.

Il *testamento internazionale* è un documento scritto (*non necessariamente dalla mano del testatore*) che viene consegnato al Notaio (soggetto abilitato in Italia a ricevere gli atti previsti dalla Convenzione di Washington) contestualmente alla dichiarazione resa alla presenza di due testimoni, che *il documento costituisce il proprio testamento e che se ne conosce il contenuto*. Il *testamento internazionale* rientra quindi pienamente tra i testamenti pubblici o per atto di Notaio.

Il Notaio redige apposita attestazione della dichiarazione e del ricevimento del documento.

La scheda, come detto *redigibile anche da terzo o con mezzi meccanici*, viene *sottoscritta alla presenza del Notaio*, ovvero *viene consegnata già firmata e chiusa*.

IL "TESTAMENTO BIOLOGICO"

Testamento, nel linguaggio giuridico e corrente, è quindi un termine che indica lo strumento con il quale si dispone del proprio *patrimonio* dopo la morte, con valenza strettamente economica.

Il progresso della scienza medica sta rendendo sempre più frequenti i casi in cui un soggetto si ritrovi nella condizione di incapacità di esprimere il proprio consenso o rifiuto alle terapie, come prescritto dall'art. 32 della Costituzione, ove nessuno può *essere obbligato a un determinato trattamento sanitario se non per disposizione di Legge*.

Traslando in italiano il termine anglosassone *living will* con **testamento biologico** o con il meno frequente **testamento di vita** ci si riferisce alla *dichiarazione anticipata di trattamento*, con la quale un soggetto esprime la propria volontà in ordine alle terapie *che intende o non intende accettare nell'eventualità in cui egli dovesse trovarsi nella condizione di incapacità di esprimere il proprio diritto di acconsentire o meno alle terapie mediche*.

Per quanto al limite del tema di questo volumetto, il testamento biologico dovrebbe avere forma scritta, preferibilmente redatto o depositato ante Notaio per impedire ogni contestazione circa la sua provenienza, non contenente indicazioni in contrasto con la Legge, la buona pratica clinica, la deontologia medica, la imposizione al medico di pratiche sanitarie inaccettabili ovvero l'ottenimento di interventi eutanasici. L'asperrimo dibattito sui temi citati, in particolare sulla eutanasia, è cronaca di questi tempi, e non si commenta oltre. Nel nostro caso, nuovamente, interessa la *forma scritta* e la determinazione della *capacità di intendere e di volere* all'atto della redazione della dichiarazione.

L'integrazione nell'Unione Europea e la rilevanza dei flussi migratori in ingresso introduce nel diritto processuale italiano la necessità di valutare testamenti compilati secondo le norme e le consuetudini di altri paesi. La *complessità* delle singole norme ci impedisce di entrare nei particolari in questa sede, ma è possibile osservare che a variare non sono tanto i *singoli istituti*, anche in conseguenza della comune matrice del **diritto romano**, quanto le forme con cui questi vengono recepiti. Ad esempio, il *testamento olografo* è generalmente riconosciuto in Europa e nelle Americhe ma con alcune variazioni, anche importanti: in Brasile l'olografo ha valore di *codicillo*, e non può avere per oggetto beni patrimoniali rilevanti, per i quali è necessario il *testamento per Notaio*, così come in alcuni Stati dell'Unione, o il *Berliner-testament* dell'ordinamento tedesco.

Il *diritto islamico classico* non conosce l'istituto del testamento e l'unica forma di successione è quella *per Legge*, ammettendo solo alcuni particolari atti di ultima volontà - le *wassiya*. L'eredità ha esclusivo carattere patrimoniale, in quanto l'erede non sostituisce la persona del *de cuius*, non rispondendo tra le altre dei debiti, che vengono detratti dall'asse ereditario *prima* della successione, che è di fatto necessaria ed involontaria.

Nel *subcontinente indiano*, astraendoci dalla complessità e specificità delle norme dei singoli stati, in assenza di testamento è lo Stato ad effettuare l'assegnazione *ex lege*, mentre il testamento segue - grosso modo - la forma anglosassone.

La recente *legge cinese* sulle successioni è *ispirata* al diritto romano, ma mantiene alcuni istituti tipici, quali il *patto di sostentamento*, che è di contrastata applicazione in Italia.

Le **varie forme di testamento** previste dall'**ordinamento italiano** sono sintetizzate nella tavola a fianco, con la indicazione dei riferimenti normativi.

Forme di Testamento
art. 601 c.c.

Testamento Olografo
art. 602 c.c.

per Atto di Notaio

Testamenti Speciali

Testamento Pubblico
art. 603 c.c.

Testamento Segreto
art. 604-607 c.c.

Malattie contagiose, calamità pubbliche o infortuni
art. 609-610 c.c.

A bordo di nave
art. 601-615 c.c.

A bordo di aeromobile
art. 616 c.c.

Dei militari in zona di operazioni belliche
art. 617-619 c.c.

Testamento Internazionale
L. 29 XI 1990, n. 387

Possono redarre testamento tutte le persone (art. 591 c.c.) che non siano dichiarate **incapaci** dalla Legge: i minori di età, gli interdetti per infermità mentale (a decorrere dalla pubblicazione della sentenza, secondo la *Legge 9 gennaio 2004, n. 6*) e coloro per i quali, sebbene non interdetti, sia **provata** (anche *a posteriori*) la incapacità di intendere e di volere al momento della stesura del testamento, **per qualsiasi causa, anche transitoria**.

L'impugnazione per incapacità è riconosciuta a chiunque vi abbia interesse e può essere esercitata entro cinque anni dal giorno di *esecuzione* delle disposizioni testamentarie (che non necessariamente corrisponde alla *pubblicazione*). Può redarre testamento sia l'*inabilitato* (a meno di non essere in condizione di *incapacità naturale*) sia il soggetto cui è stata concessa la amministrazione di sostegno - a meno che nel decreto non sia esplicitata la *incapacità a testare*.

La capacità di succedere, ovverosia di *ricevere per testamento*, è anche questa regolamentata per Legge: ricordiamo qui solamente la esclusione del Notaio che riceve il testamento pubblico o a cui è stato affidato un testamento segreto in plico aperto (art. 598 c.c.), testimoni o interprete intervenuti (art. 597 c.c.) chi ha scritto il testamento segreto, salvo esplicita approvazione *di pugno dallo stesso testatore ovvero nell'atto della consegna*.

Il codice prevede anche i casi di **indegnità**, regolate tassativamente dall'art. 463 c.c. che le suddivide in due gruppi; il primo (sub 1 a 3bis) elenca le colpe gravi commesse verso la persona del *de cuius* o verso il coniuge, il discendente o l'ascendente di questo, come l'omicidio e il tentato omicidio, l'istigazione al suicidio, la calunnia o la falsa testimonianza e la decadenza dalla potestà genitoriale (verso il *de cuius*) [6]; il secondo gruppo raccoglie le offese alla libertà di testare del *de cuius* o al *testamento* dello stesso, ovvero chi con *dolo o violenza* abbia indotto il soggetto a fare, revocare, modificare un testamento, chi abbia alterato,

---

[6] Per avere effetto, tutte le fattispecie ora elencate debbono essere confermate da sentenza penale passata in giudicato.

celato o soppresso un testamento dal quale la successione sarebbe stata regolata e chi abbia creato o fatto consapevolmente uso di un falso testamento.[7]

L'indegno dovrà restituire i frutti che gli sono eventualmente pervenuti dalla successione, ma è sempre prevista (art. 466 c.c.) la possibilità di riabilitazione - chiaramente, anche per testamento.

Ulteriore istituto (art. 467 c.c.) è la **rappresentazione** per la quale possono subentrare i discendenti legittimi o naturali nel luogo e nel grado dei loro ascendenti, ogni qualvolta questi non vogliano o non possano accettare l'eredità o il legato.

La disposizione testamentaria può essere **impugnata** da chiunque ne abbia interesse se è conseguenza di **errore, violenza o dolo**.

La Giurisprudenza in tema di **errore** impone di dimostrare che la volontà del testatore sia stata influenzata, in maniera decisiva, dalla *percezione come reali di fatti diversi dal vero*, così come in caso di **dolo** o **violenza**, è richiesta la prova che la volontà del testatore sia stata indirizzata *in modo diverso che in una libera determinazione*, in particolare con l'impiego di *mezzi fraudolenti idonei a concretizzare l'inganno*, suscitando *false rappresentazioni* nel testatore. Il *motivo illecito* rende nulla qualsiasi disposizione testamentaria.

È nulla ogni disposizione a favore di un beneficiario o di un oggetto della disposizione stessa che non possa essere *univocamente determinato*, salvo che beneficiario o *cosa* risultino comunque *univocamente individuabili* tenendo conto del contesto, ammettendo la possibilità di una *divergenza inconsapevole tra l'interno volere e la manifestazione esterna* (art. 625 c.c.).

La norma cerca infatti di **conservare il più possibile la validità delle norme testamentarie** (il *favor testamenti*) salvo arrendersi di fronte alla impossibilità, per carenza assoluta di informazioni, di poter affermare

---

[7] Queste fattispecie sono quelle dei reati di cui agli artt. 489-491 c.p. e sono di interesse peritale. Ovviamente, anche questi fatti debbono essere oggetto di sentenza penale passata in giudicato.

che gli elementi della disposizione corrispondono alla volontà del testatore.

L'**invalidità** del testamento segue principi e indirizzi giurisprudenziali non corrispondenti alla invalidità ed alla sistematicità, ad esempio, dei contratti, proprio per il principio del *favor testamenti*.

L'articolo 590 c.c. prevede persino un caso di efficacia per una scheda affetta da una nullità insanabile: gli *adempimenti* degli eredi o degli aventi causa, comportano che la nullità non possa più essere fatta valere, per il *principio di conservazione degli atti giuridici* - sempre che questa non sia dovuta alle ipotesi di violenza fisica o di riserva mentale ovvero nell'ipotesi di testamento falso.

La *nullità parziale*, proprio perché le disposizioni sono il più possibile conservate, non trascina con sé la parte non viziata (*vitiatur sed non vitiat*).

Oltre alle **nullità per difetto di forma**, ex art. 602 c.c. di cui abbiamo già scritto, vi sono le **nullità relative alla sostanza dell'atto**, come la condizione, onere o motivo illecito (art. 626 c.c.) o la disposizione in favore di soggetti incapaci di ricevere. La nullità può essere rilevata d'ufficio (ad esempio, già da parte del Notaio che pubblica l'atto) o da chiunque ne abbia interesse e non è soggetta a prescrizione - salvo l'intervenuta usucapione dei beni interessati, trascorsi i relativi termini.

Le ipotesi di **annullabilità** derivano invece dalla **incapacità di testare** (art. 591 c.c.) o dai **vizi della volontà** di cui all'art. 624 c.c. L'azione di annullamento si prescrive in cinque anni dal giorno in cui si è avuta notizia del vizio, ed è azionabile da *chiunque vi abbia interesse*.

La **centralità della volontà testamentaria** implica che ogni disposizione redatta in assenza di essa è da ritenersi *inesistente* per *mancanza di volontà*. Sono i casi dei testamenti redatti sotto *violenza*, *costringimento* o *influenza esterna* in generale, così come le schede redatte per *prova*, per *gioco* o per *allontanare da sé* l'assillo dei pretendenti eredi.

La prova della *riserva mentale* è in generale complessa, e richiede la convergenza di *più saperi* nell'accertamento tecnico. La prova del vizio di volontà, sia essa per riserva intima del testatore, o conseguenza di atti di *captazione* da parte di terzi, per *suggestione* o per *alterata rappre-*

sentazione della realtà richiedono, nella perizia su testamenti, proprio quell'**approccio multilaterale e multidisciplinare caratteristico della corrente criminalistica**.

Già si è scritto che il testamento può essere redatto su più fogli, purché vi sia continuità fisica e logica tra questi, e che il testatore può disporre di una sola parte dei suoi beni. Se il testatore vuole aggiungere o modificare le proprie disposizioni, non è tenuto a riassumere ogni volta le disposizioni precedenti, né tantomeno a specificare quelle che vengono revocate o modificate. In questo ultimo caso, si dovrà procedere alla comparazione tra le disposizioni successive per determinare la eventuale prevalenza di une sulle altre.

Nella definizione di testamento è insito il principio della sua **revocabilità**, facoltà irrinunciabile in capo al testatore, con esplicito divieto di ogni clausola o condizione contraria.

La **revoca** può avvenire sia esplicitamente - redigendo un nuovo testamento, esplicitando la revoca del (dei) precedente(i) o con atto ricevuto da Notaio tra cui il ritiro di testamento segreto - che tacitamente, come scritto poc'anzi, quando le disposizioni più recenti sono incompatibili con le precedenti. La revoca è inammissibile solo per il riconoscimento di figlio naturale ovvero a confessione contenuta nel testamento.

Il testatore ha quindi il diritto di esprimere le proprie disposizioni, anche come modifica delle precedenti, sino all'istante della morte. L'olografo *distrutto, lacerato o cancellato in tutto o in parte, si considera revocato in tutto o in parte, tranne che non si provi che ciò fu fatto da persona diversa dal testatore* (art. 684 c.c.).

Parte Seconda

**La Scrittura nel Testamento
Psicologia e Grafologia**

La Scrittura nel Testamento
Psicologia e Grafologia

La perizia su **testamento** è uno di quei casi in cui il perito deve obbligatoriamente considerare una accurata contestualizzazione dello scritto e le conseguenze su questo dell'apparato normativo, non essendo sufficiente la *sola* analisi grafica e documentale. Le testimonianze dei congiunti, i referti medici, le cartelle cliniche e quanto altro deve essere richiesto e messo a sua disposizione.

In queste note si vogliono evidenziare le caratteristiche dell'impegno che il soggetto *anziano* pone nel redigere le proprie ultime volontà. Scrivere il proprio testamento è sicuramente una operazione che coinvolge, secondo le possibilità di ognuno, l'intera sfera emotiva.

Rammento ai Colleghi l'intervento del *dott. Salvatore De Matteis*, al tempo direttore dell'Archivio Notarile di Bologna, al *II Convegno Nazionale di Perizie su Scritture* [8] sulla redazione di una serie di testamenti *particolari* nel contenuto e nel supporto richiamati in una sua pubblicazione.

Il volume poneva in evidenza il risvolto culturale ma soprattutto morale e psicologico del testatore nel momento in cui decideva di *disporre* dei suoi beni.[9]

Quali sono i contenuti psicologici che si attuano con la redazione delle proprie ultime volontà, con il *fare testamento* ?

---

[8] *II Convegno Nazionale di Perizie su Scritture - Criminologia Grafologica* - Progetto Scrittura della Scuola Superiore di Perizie, Prato, 20-21 Giugno 1998

[9] Salvatore De Matteis - *Essendo capace di intendere e di volere, guida al testamento narrativo* - IX, Sellerio, Palermo 2002 (I ed. Palermo 1992)

Può manifestarsi la volontà che il patrimonio debba rimanere *in famiglia*, anche privilegiando la discendenza maschile per garantire la continuità del nome.[10]

Può manifestarsi la volontà di evitare soprusi o ingiustizie nei confronti dei familiari più deboli, cercando di assicurare a questi ultimi i mezzi per una vita dignitosa, anche contro la successione legittima.

Ma anche - e i Colleghi ben sanno con quanta frequenza siano questi i casi di interesse professionale - una possibile forma di rivalsa verso i congiunti che si siano *comportati male* nei confronti del testatore, ovvero la espressione e/o la manifestazione di sentimenti di ricatto o di riconoscenza psicologica per l'essere stati o meno accuditi, il bisogno di liberarsi da pesi psicologici (*confessione*).

Di solito, la maggior parte delle persone si appresta a redarre testamento in età avanzata, quando il pensiero della morte trova spazio.

Nel seguito, pertanto, si tratteranno gli aspetti psicofisici collegati alla vecchiaia e i possibili *deficit* che li accompagnano, il tutto rapportato, ove possibile, ai segni grafologici, cercando di offrire un contributo a chi si accinge ad esaminare questo tipo di documento.

Gli aspetti fisici - Invecchiamento o senescenza ?

L'invecchiamento di ogni individuo si articola all'interno di due sottosistemi: *sviluppo* e *senescenza*.

L'*invecchiamento* è un qualsiasi cambiamento frutto del passaggio del tempo; un termine neutro, senza valenze positive o negative, che fa semplicemente riferimento al tempo esterno, cronologico.

Per *senescenza* si intende il venir meno di capacità, l'affievolirsi delle forze e la maggiore morbilità, associate con l'invecchiamento biologico dell'individuo.

---

[10] Ancora oggi - 2014 - gli Autori incontrano contestazioni a testamenti nei quali la *disponibile* è lasciata al *figlio maschio* o in assenza di questo alla figlia che abbia a sua volta un *figlio maschio* - quando non venga addirittura stravolta la successione legittima lasciando *tutto al maschio*.

La *senescenza* è una caratteristica interna di ciascun individuo che indica il pernicioso passare del tempo. Durante il primo periodo della vita lo *sviluppo* è maggiormente visibile, al contrario della *senescenza*. Con l'avanzare degli anni diminuisce lo *sviluppo* e diventa più accentuata la *senescenza*. Questi processi avvengono contemporaneamente e concorrentemente: la *senescenza* non inizia alla fine dello *sviluppo*.

Senescenza e sviluppo sono due distinti processi, tra loro non indipendenti, che procedono complementari secondo la rappresentazione della cosiddetta *farfalla di Schroots*[11](figura 1): se in un grafico in ordinata si riporta l'importanza relativa e in ascisse il tempo, si otterrà una prima curva che parte dall'alto e va verso il basso [1], descrivendo lo *sviluppo* e una curva [2] simmetrica a descrivere la *senescenza*. La curva [3] indica la *vitalità* dell'individuo. Il grafico ha la forma di una *farfalla*, e rappresenta chiaramente che l'invecchiamento inizia sin dalla nascita e che lo sviluppo non si ferma dopo la gioventù[12].

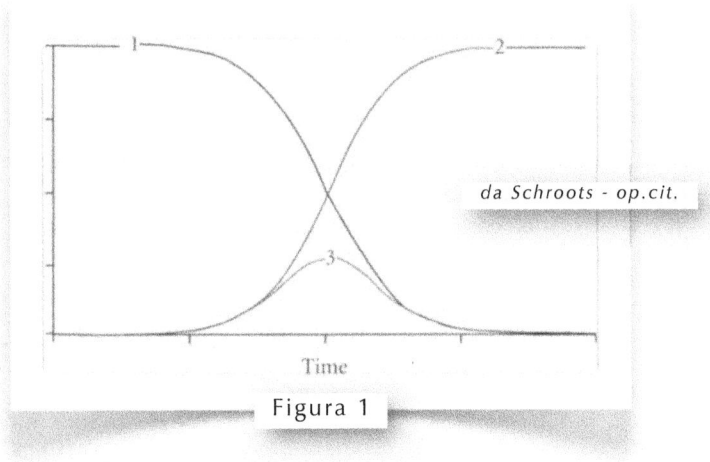

da Schroots - op.cit.

Figura 1

---

[11] Johannes J. F. Schroots - *On the Dynamics of Active Aging* - Curr. Gerontol. Geriatr. Res. 2012; 2012: 818564 - in *OpenI/Open Access Subset of PubMed Central*

[12] D. Toffoletto - *Invecchiamento e Teoria del Caos* - Psychomedia gruppalità e ciclo vitale - Terza età

In geriatria si indicano i *65 anni* come l'età oltre la quale una persona potrebbe ritenersi *anziana*. È noto al perito che, nel corso della sua esperienza professionale, si possono incontrare testamenti che sembrano scritti da persone *anziane*, ma che in realtà sono vergati da persone *molto* al di sotto dei 60 anni, così come sono frequenti scritti di anziani *formali* che appaiono ben più giovani della loro età anagrafica.

Non conta perciò l'età anagrafica, con un limite di *65 anni* pura espressione di una media statistica, ma quella *fisiologica*, non valgono gli anni che si contano dalla nascita, ma quelli che si *sentono*.

L'invecchiamento : miti e pregiudizi

È opinione diffusa che l'invecchiamento si accompagni alla perdita di numerose funzioni sia fisiche che mentali.

Col trascorrere degli anni udito, vista, memoria, intelligenza, agilità, equilibrio e così via subiscono un declino inevitabile. Secondo questa visione negativa della vecchiaia sono validi l'antico aforisma *senectus ipsa morbus* o le parole dello shakespeariano Jacopo, *Come vi piace*: *l'età chiama la seconda infanzia, l'età del puro oblio: senza più denti, senza più vista, senza più gusto, senza tutto.*[13]

Il deterioramento delle capacità mentali - che una cultura obsoleta continua a considerare *naturale* - è in realtà causato, più spesso di quanto non si creda, oltre che da numerose malattie, molte delle quali curabili, dall'abbandono, dall'emarginazione sociale, dalla perdita di relazioni affettive, dalla carenza di esercizio mentale e fisico.

La ricerca scientifica sempre più spesso documenta come molte delle perdite attribuite alla macina del tempo sono provocate da un cattivo stile di vita, da abitudini alimentari errate e dallo scarso esercizio. Va sottolineato fin da ora che la grande maggioranza delle persone *for-*

---

[13] *Is second childishness and mere oblivion - Sans teeth, sans eyes, sans taste, sans everything.* ~ As You Like It (II.7.143-70)

malmente anziane conserva un cervello perfettamente in grado di funzionare in modo corretto.

Nei nostri geni sarebbe *programmata* una età massima intorno ai 110-130 anni - che qualcuno raggiunge, infatti - ma il tempo del declino finale sarà conseguenza di come il nostro corpo e la nostra mente saranno stati *trattati*, provati o meno dalle malattie o dalle cattive abitudini, dall'inquinamento o dagli *stravizi* che si citavano nelle conclusioni delle perizie medico-legali di non troppo tempo fa.

La *plasticità* è la capacità del cervello di essere continuamente modificato, anche dal prodotto della sua stessa attività. Menti *attive* presentano, infatti, una maggiore resilienza alle offese delle malattie, quali la demenza senile, ma di converso hanno una fase finale molto più veloce. Il fenomeno è spiegato con la capacità del cervello *allenato* di creare sinapsi e *circuiti alternativi* alle parti che vengono colpite dal male, sostituendole.

L'invecchiamento cerebrale non è un processo a senso unico, di logoramento, dominato dalla perdita di funzioni e capacità, ma è influenzato da variabili complesse che possono, al contrario, nell'equilibrio dinamico tra logoramento e plasticità, favorire quello che potremmo chiamare un *invecchiamento di successo*.

Come possiamo quindi effettuare una *buona manutenzione* del cervello, conservando, ottimizzando ed amplificando la plasticità neuronale ? L'attività mentale e fisica rappresentano ottimi mezzi per amplificare i meccanismi di difesa dell'organismo e del cervello.

Un ambiente stimolante e l'opportunità di un maggior esercizio corrispondono in un aumento di spessore e peso del cervello, un aumento dei collegamenti tra neuroni nonché un miglioramento del disimpegno generale.

Usalo o lo perderai, titola più di un articolo: dovrebbe essere un motto per tutta la vita.

Sono numerosi gli *anziani* che in età avanzata conservano la capacità di svolgere compiti complessi, con una *relativa* esclusione di quelli che richiedono agilità o forza fisica, e di rivestire incarichi sociali anche estremamente impegnativi.

Numerosi sono oggi gli esempi dei *Super Agers* [14] i cui cervelli sembrano di decadi più giovani; non ci mancano gli esempi, solo per scegliere tra i nostri connazionali: Sandro Pertini, Gillo Dorfles, Rita Levi-Montalcini, Ardito Desio, Arnoldo Foà, - e fermiamoci qui.

Perché invecchiamo a ritmi diversi ? Perché qualcuno affronta la maratona a 70, 80 anni, mentre loro coetanei sono costretti al deambulatore ? I geni sono certamente una parte rilevante della risposta, ma poco si sa dei fattori gerontogeni, molti dei quali presenti in gran quantità nell'ambiente che ci circonda. Tra questi si indicano l'arsenico nelle acque potabili, il benzene delle emissioni degli autoveicoli e delle industrie, la radiazione solare nella frazione UV, il micidiale cocktail delle quattromila e più sostanze inalate con il fumo di sigaretta, cui si aggiungono gli stili di vita stressanti o i vizi alimentari.

Ricercatori della *Northwestern University Feinberg School of Medicine* hanno studiato 12 persone oltre gli 80 anni, caratterizzabili per vivacità intellettuale come *Super Agers*, e li hanno confrontati, con gli strumenti delle neuroscienze, ad altrettanti soggetti di età compresa tra i 50 e i 65 anni. Dai test sulla memoria e sulle capacità intellettive, non sono state rilevate differenze tra i due gruppi, e nemmeno dalle risonanze magnetiche funzionali eseguite sui loro cervelli. Nel confronto tra i *Super Agers* e un gruppo di coetanei, è stata evidenziato un maggiore spessore della corteccia cingolata anteriore. Resta ora da studiare se le migliori capacità siano legate e in che misura a fattori genetici o ambientali (stimolo intellettuale, alimentazione, esercizio fisico).

È da tempo dimostrato che gli anziani che svolgono regolare attività fisica anche dopo il pensionamento, la circolazione cerebrale e le funzioni mentali sono meglio conservate rispetto a coloro che hanno ridotto o sospeso l'attività fisica.

Gli esempi, numerosi, di *invecchiamento di successo*, sono un punto di riferimento per tutti quelli che invecchiano: sono la prova, inequivo-

---

[14] Melinda Moyer - *Brains of Super Agers Looks Decades Younger* - Scientific American MIND, Jan/Feb 2013, pag. 7

cabile, che è possibile invecchiare conservando la propria autonomia ed un cervello ben funzionante [15].

La celeberrima *Technology Review* del *Massachussets Institute of Technology*, da alcuni anni, oltre alla annuale lista degli *Innovators under 35* ha iniziato a pubblicare articoli sugli *innovators over 70s and 80s* [16], tra cui citiamo la nanotecnologa Mildred Dresselhaus, 82 anni, autrice di qualcosa come 39 pubblicazioni ad *alto impatto* nel solo 2012, oppure Nick Holonyak, praticamente l'inventore del LED nel 1962, che oggi a 84 anni è il massimo esperto sperimentale dei laser a punto quantistico. E la *fisica* sarebbe una delle discipline in cui la spinta intellettiva proverrebbe solo dai giovanissimi!

A questi aggiungiamo, per pertinenza, Brenda Milner, a 95 anni sempre attiva al *Montreal Neurological Institute and Hospital*, vincitrice del *Kavli Prize in Neuroscience* del 2014, riconoscendola come una dei fondatori delle moderne neuroscienze cognitive.

Aspetti grafici

La scrittura è la prestazione motoria tra le più espressive dell'uomo [17] giacché è un processo dove vengono coinvolti sia il sistema nervoso centrale che quello periferico.

È stato però dimostrato che non è possibile pensare all'anziano in modo stereotipato, perché esistono una gamma di fattori variabili da individuo ad individuo, sia per quanto concerne la quantità che la qualità di queste alterazioni.

I fattori ambientali e genetici, interagiscono tra loro e contribuiscono all'invecchiamento cerebrale.

---

[15] O. Zanetti et al.i - *Gruppo di ricerca geriatrica USSL 41*

[16] Jason Pointin - *Seven Innovators Who are Doing Impressive Work in their 70s and 80s* - MIT Technology Review, August 2013

[17] Vincenzo Tarantino - *L'indagine grafologica nell'invecchiamento cerebrale* - Grafologia Medica, 1-2 1995

Indici grafologici nell'invecchiamento cerebrale [18]

Tutte le caratteristiche psicofisiche fin qui riportate possono essere grafologicamente riscontrate nei segni :

- *scrittura rimpicciolita, rallentata. appesantita, più o meno slegata, esitante e tremolante ;*
- *ritmo grafico inceppato, interrotto, irregolare ;*
- *collegamenti tendenti all'angolo ;*
- *direzione molto incerta o ineguale, disarmonica nella sistemazione dei righi ;*
- *pressione irregolare, non omogenea, allentata, stanca.*

Già secondo Oscar Del Torre (1962) i segni grafici della vecchiaia possono essere individuati nel *tracciato posato e lento, angoloso, disgiunto, spesso piccolo ed inibito, esitante (piccoli tratti superflui, leggeri) tremolante a scosse, con il tratto assai fangoso (occhielli imbrattati).*

Mauricio Xandrò, nella celebre relazione presentata al *VII Congresso Nazionale di Gerontologia* di Tarragona, elencò i seguenti segni grafici come importanti indici per valutare il degrado della scrittura in un anziano :

- *pressione leggera, interruzioni, irregolarità ;*
- *scrittura pastosa, chiusa ;*
- *lettere troppo piccole o molto piccole ;*
- *righe discendenti o cadenti ;*
- *sproporzioni, diseguaglianze, deformazioni parziali ;*
- *artifici e deformazioni nelle lettere che ne pregiudicano la leggibilità.*

---

[18] M. Trabucchi - *L'invecchiamento nel cervello* - Fed. Medica, n.3, pp. 157-160

Da tenere in conto che i segni ora elencati sono considerati indice di *debilitazione fisica*.

Oscar Venturini (1979) aggiunge che nella vecchiaia :
- *il ritmo grafico è inceppato, interrotto, irregolare* ;
- *i collegamenti tendono all'angolo* ;
- *la direzione molto incerta ed irregolare*.

Elementi importanti che riflettono l'irrigidimento dei muscoli e delle arterie, e psicologicamente l'atteggiamento circospetto e diffidente tipico dei soggetti anziani, nei quali gli interessi sono importanti e la coscienza stessa si è materialmente ristretta.

Zanetti e Rollandini nel 1949 rilevano un indice molto importante che poi diviene un elemento fondamentale di prova in perizia: *un indice molto importante [...] è la scomparsa dei legamenti anomali nella scrittura, sparizione che denota lo spegnersi del brio ideativo ed associativo della vivacità intellettuale ...* [19]

Prestazioni motorie ed invecchiamento

Nella terza età, si ha spesso una condizione psicologica di *rifiuto* nel praticare attività motoria, sia per una condizione di poca fiducia nelle proprie possibilità, derivante da una scarsa efficienza fisica, determinata in particolare modo dall'ipocinesia, sia di affrontare un nuovo ambiente, per l'irrigidimento a modificare le proprie abitudini di vita.

Nelle prestazioni motorie invecchiando si perde *forza* e *velocità*, ma sarà soprattutto quest'ultima a venire compromessa. Esiste tutta una serie di concomitanze organiche che determinano questo processo.

Vi è però un compenso di *accuratezza* ; cioè, rispetto alla minore velocità di esecuzione dei movimenti, gli anziani tendono spontaneamente a far pendere la bilancia delle loro prestazioni dalla parte della

---

[19] G. Zanetti, C. Rollandini - *Grafologia* - Minerva Medica, 1949

precisione. Questa, a volte, induce una valutazione di *lentezza* superiore a quella effettiva.

La paura di non sapere più scrivere

Capita anche che una persona anziana possa, ad un certo punto della sua vita - proprio perché non abituata o dopo aver perso l'abitudine a scrivere - aver paura di aver dimenticato il proprio modo di firmare ed ecco allora che si rinvengono pagine piene del proprio nome e cognome scritto, il tutto con il solo scopo di *verificare quanto sia ancora in grado di mostrare la propria autonomia* e di poter far rispettare le proprie volontà.

L'esempio della **figura 2**, nella quale comunque è stata tagliata una parte del cognome per rispettare la privacy, mostra le *prove tecniche* del *de cuius* effettuate prima di vergare il proprio testamento.

Una volta compresa questa dinamica, appare poi ancora più facile stabilire l'autenticità o meno di una scheda testamentaria.

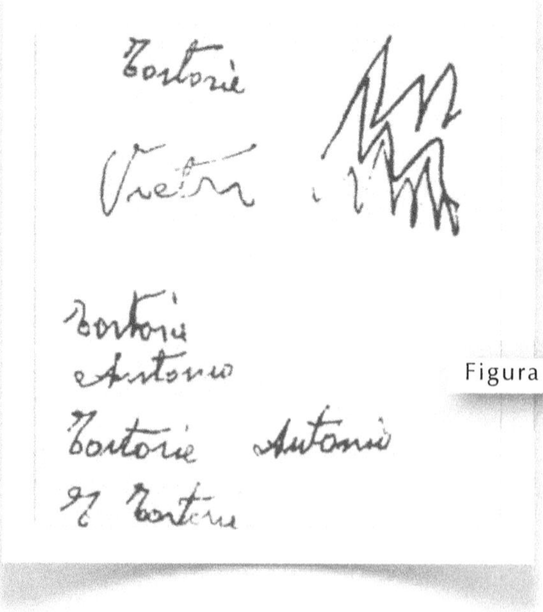

Figura 2

Come può, infatti, una persona che non è padrona completamente della propria motricità grafica scrivere in testamento per ben un'intera pagina uso bollo, con grafemi molto più evoluti della firma stessa (figura 3)?

Lo scrivere più volte, quasi in forma ossessiva, la propria firma, può portare anche all'esigenza di voler in tutti i modi affermare il contenuto del testamento ed in pratica rafforzare le proprie convinzioni ed affermazioni.

In un altro caso (figura 4) già si può osservare come il soggetto sia più evoluto e con forte volontà di affermazione e rafforzamento dei propri concetti (doppia sottolineatura della firma).

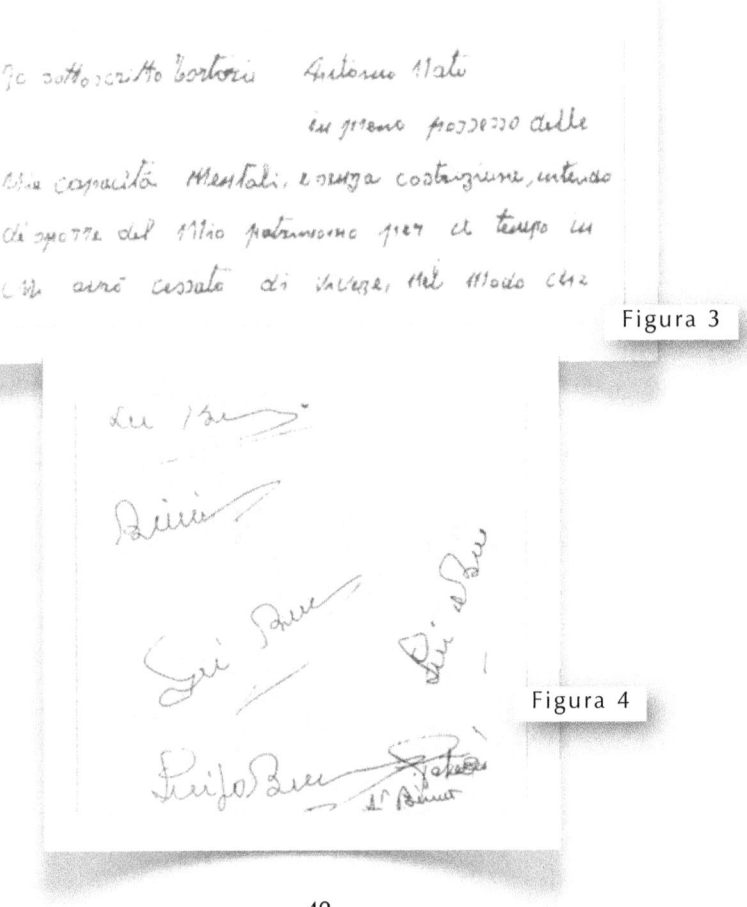

Figura 3

Figura 4

Non solo, ma il tutto è anche rafforzato da lettere fornite dai clienti dove la *de cuius* indicava al marito tutte le incombenze quotidiane che avrebbe dovuto fare al fine di ottenere una vita migliore, accudendosi anche se lei non sarebbe stata più al suo fianco (figura 5).

Le incombenze descritte avevano comunque l'aria di non essere passibili di trattativa; il tono era realmente perentorio, così come dimostra la firma stessa con la sua doppia sottolineatura.

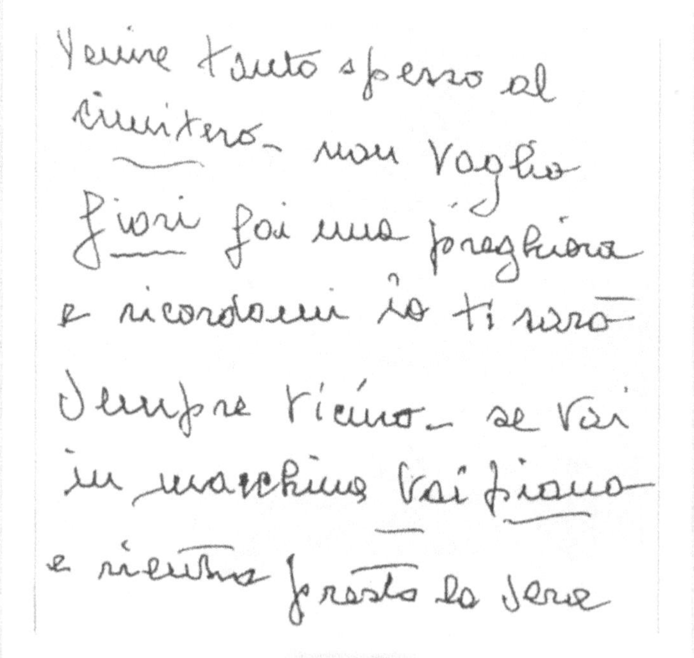
venire tanto spesso al
cimitero – non voglio
fiori fai una preghiera
e ricordami io ti sarò
sempre vicino – se vai
in macchina vai piano –
e rientra presto la sera

Figura 5

La paura di dimenticare

In questo caso la Signora che ha vergato il testamento di cui riportiamo un frammento nella figura 6, oltre ad aver usato come visto, un linguaggio altamente tecnico, in realtà ha paura che tutto questo possa essere perduto e scrive di suo pugno un nuovo testamento, o meglio una integrazione al primo, al solo scopo di poter confermare il precedente.

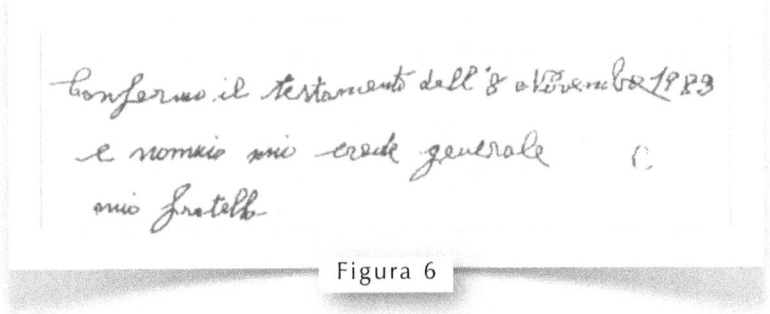

Figura 6

Infatti una delle maggiori problematiche dell'anziano è riferita ai *vuoti di memoria*, dimenticanze per le quali ed attraverso le quali, alcuni eredi possono anche incardinare una causa per incapacità di intendere e di volere.

La non precisa collocazione spaziale di avvenimenti può far si che persone con dubbia moralità possano raggirare una persona anziana per potergli fare - o meglio scrivere - date che alcune volte non corrispondono al reale.

Sulla valenza giuridica della data si è già scritto in precedenza.

Capita però che in alcuni testamenti la data risulti scritta addirittura in un altro momento anche se di mano dello stesso testatore e questa si differenzi dalla scrittura del testo. Se apposta successivamente, la data può risultare più o meno destrutturata rispetto alla scrittura delle disposizioni.

La pratica professionale, però, suggerisce che laddove esistano discordanze grafiche tra data, testo e firma - il caso del cosiddetto *testamento asincrono*, di per sé legalmente valido - esiste lo spazio per l'intervento di terzi sulla volontà del testatore.

Nella figura 7, la data appare molto destrutturata rispetto al testo e quindi plausibilmente scritta in un momento successivo.

Secondo le parole di un geriatra come viene considerata la memoria nell'anziano : ... *i disturbi della memoria rappresentano uno dei motivi che più frequentemente inducono l'anziano a rivolgersi ad un geriatra. Tuttavia spesso ciò avviene solo quando la smemoratezza è tale da interferire pesantemente con la possibilità di una vita autonoma; in questo caso, abitualmente, il paziente non è consapevole delle proprie disabilità e sono i familiari a richiedere l'aiuto di un esperto. È ancora troppo diffusa, infatti, la convinzione che l'età comporti, inesorabilmente, una riduzione più o meno evidente della memoria; è cosicché disturbi lievi, ritenuti, erroneamente, inevitabili ed incurabili, vengono spesso trascurati.*

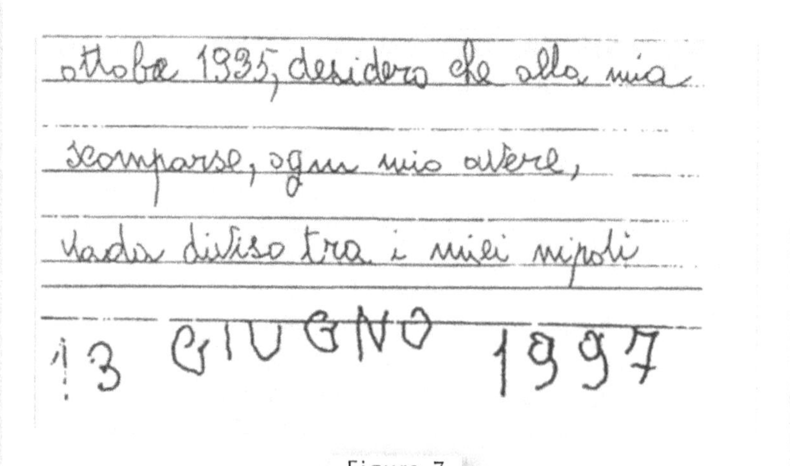
ottobre 1935, desidero che alla mia
scomparse, ogni mio avere,
vada diviso tra i miei nipoti
13 GIUGNO 1997

Figura 7

Cos'è la memoria e come funziona?

La *memoria* è, accanto all'*intelligenza*, una delle funzioni più complesse dell'attività umana e può essere definita come la capacità di riprodurre nella propria mente un'esperienza precedente; in altri termini, è quell'insieme di funzioni localizzate nel cervello che ci consentono di registrare messaggi o informazioni grazie alla collaborazione degli organi di senso (udito, vista, tatto..) e di rievocarli allorquando lo desideriamo. L'esperienza che viene memorizzata o rievocata può essersi verificata pochi secondi o molti anni prima; può essere stata molto breve oppure essere durata a lungo; può aver coinvolto tutti gli organi di senso o essere stata soltanto un'esperienza visiva, verbale, olfattiva, motoria. Quotidianamente, tramite i nostri sensi, il cervello riceve enormi quantità di segnali di vario genere; dei quali siamo più o meno consapevoli, la maggior parte dei quali non lascia traccia.

I sensi sono essenziali per l'acquisizione di nuove informazioni, che vengono poi immagazzinate nella memoria. Il buon funzionamento della memoria dipende oltre che dal livello di integrità degli organi di senso, anche dal grado di attenzione che il soggetto rivolge ad un dato evento, dalla risonanza affettiva che quest'ultimo esercita, nonché dalle circostanze in cui l'evento deve essere richiamato. Consideriamo ora la persona che scrive le sue "ultime volontà".

Questa può, per esempio, avere a disposizione un tempo adeguato o essere forzato a rispondere molto rapidamente; può essere rilassato ovvero trovarsi in uno stato di apprensione o ansia, che influenzano negativamente la memoria; e ancora può trovarsi in un ambiente accogliente e distensivo oppure affollato, caotico e ricco di distrazioni.

Rimandiamo sempre all'opera del dott. De Matteis, in cui si descrivono i casi di persone che scrivono il proprio testamento nei luoghi più impensati e su supporti occasionali.

I.a memoria influenzata dalla presenza di malattie

Endocrine, infettive, tumori, la cui cura consente un completo recupero delle capacità di ricordare. Anche l'uso improprio di farmaci, per esempio i tranquillanti, può compromettere il buon funzionamento della memoria.

La depressione e l'ansia costituiscono una causa frequente e potenzialmente reversibile, di disturbo della memoria. Si tratta di condizioni psichiche di frequente osservazione, nelle quali il livello di attenzione dell'anziano è compromesso, polarizzato attorno a sensazioni di impotenza, di sfiducia, paura, e timori talvolta immotivati: non c'è spazio per i progetti, per il futuro.

Anche il presente viene subito passivamente. A loro volta la depressione (l'*esaurimento nervoso* del gergo popolare) e l 'ansia possono essere scatenate o favorite dalla riduzione dei rapporti sociali, dal pensionamento, dalla perdita di persone care, oppure da condizioni di malattia che limitano l'autonomia o provocano dolore.

Ecco che quindi molte volte i testamenti possono essere variati a favore delle persone vicine che hanno prestato loro una maggiore attenzione o cura.

Le recenti ricerche hanno però permesso di sottolineare che il 90% degli anziani non soffre di demenza ed ha un cervello perfettamente in grado di funzionare - a patto che lo tenga in allenamento.

Nel corso dell'invecchiamento normale alcuni aspetti del funzionamento della memoria presentano un declino; la capacità di ricomporre un numero telefonico di dieci cifre, tenendolo in mente dopo un segnale di *occupato*, oppure di ricordare informazioni ascoltate alla radio mentre si guida, si riducono nell'anziano rispetto al giovane. La presenza di fattori distraenti in grado di disturbare la *ricezione* delle informazioni influisce in modo negativo nell'età avanzata. Così avviene anche per l'esecuzione di compiti per i quali il soggetto ha a disposizione un tempo limitato.

I segni della memoria

Contorta - Legata alla tecnica, si ricorda perciò gli aspetti tecnici.
Divaricata - Seleziona i vari ricordi rendendoli più nitidi anche nel tempo.
Scattante - Associazione con cose già apprese e conservate - Memoria musicale.
Chiara - Specifica i termini delle immagini e delle idee e le conserva.
Legata - Collegamenti logici tra i vari materiali conservati.
Parca - Riconduce all'essenziale le esperienze per conservarle meglio.
Uguale - Sarà una memoria che non è soggetta a interferenze da regolarità.
Filetti sottili - Memoria emotiva che ricorda le sfumature e si fa più incisiva.

La memoria a breve termine si riferisce alla capacità di rievocare percorsi, numeri, cose dopo alcuni secondi o minuti dalla loro percezione. **La memoria a lungo termine o remota** indica la capacità di ricordare eventi dopo alcune ore o giorni; riguarda cioè fatti accaduti molto tempo prima, ed è quella più resistente in caso di malattia cerebrale. **La memoria** cosiddetta **semantica**, che si riferisce alla capacità di definire il significato delle parole ed al patrimonio delle parole conosciute, ed è influenzata dall'educazione, può migliorare sensibilmente con l'età.

Il processo di memorizzazione si articola in tre fasi:
1. la *classificazione*,
2. la *conservazione* nel tempo (a lungo o a breve termine)
3. la *rievocazione*

Classificazione
Piccola - attenzione ai particolari
Filetti sottili - attenzione alle sfumature
Divaricata - capacità di discernimento
Scattante - ripiego mnemonico

Conservazione
Scattante - capacità associative
Parca - essenzialità
Legata - sinteticità
Filetti sottili - cons. per fattori emotivi
Chiara - chiarezza di conservazione
Contorta - buona conservazione dei particolari
Divaricata- chiarezza e discernimento

Rievocazione
Fluida - prontezza e velocità nell'afflusso dei ricordi
Calma - senza pressioni
Divaricata - rievocazione dalla memoria

I tipi di memoria
Associativa - Scattante
Visiva - Chiara, Uguale, Ordinata
Attinente e distintiva - Divaricata
per fattori emozionali - Filetti sottili, Aste assottigliate
per fattori complessi - Contorta

Aspetti extragrafici - il linguaggio usato

A titolo di legato ...

Il linguaggio nel testamento assume un'importanza estrema non solo al fine di riconoscere o meno l'autografia di una scrittura, ma anche per dimostrare un caso di *captazione.*

Se un termine tecnico è riscontrato nel testamento di persona poco avezza ai legalismi, molto probabilmente tale testamento ha subito una influenza esterna, foss'anche dalla lettura di uno dei tanti *manuali* che vengono periodicamente dispensati dalla stampa non tecnica.

Ricordiamo la definizione di *accurata* data da M. Marchesan : *la scrittura può dirsi accurata quando, indipendentemente dal risultato, la persona pone una maggiore attenzione affinché il prodotto della sua scrittura risulti al meglio* [20].

Ecco quindi dimostrata la necessità di controllare e analizzare anche il *linguaggio* usato nel testamento, lo *stile* che ne emerge.

È in generale non plausibile che un soggetto con una scarsa cultura possa *improvvisamente* scrivere un testamento degno di un legale, da cui la necessità di accertare l'origine della influenza esterna all'origine dell'anomalia: *copia* da una delle tante guide al testamento o *influenza interessata* ?

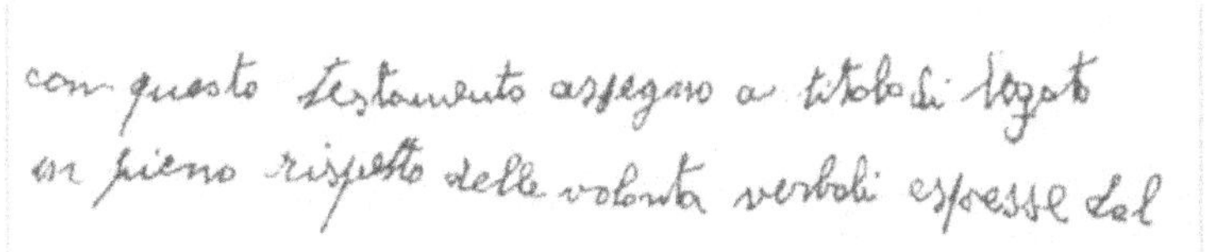
con questo testamento assegno a titolo di legato
in pieno rispetto delle volontà verbali espresse dal

Figura 8

[20] M. Marchesan - *Segni e tendenze in Psicologia della Scrittura* - Ist. Ind. Psicologiche, Milano 1993

In conclusione

L'osservazione di un testamento non può quindi, limitarsi alla mera osservazione e/o comparazione dei dati grafici. Come già scritto in premessa è sempre opportuno ricercare attraverso il racconto dei clienti più informazioni possibili circa il vissuto psico-emotivo e non solo culturale del *de cuius*.

In particolare :
- *acquisire cartelle cliniche, ove si presenti la necessità*
- *chiedere quali farmaci erano presi in quel periodo ? con quale cadenza ? quali sono le cause della morte ?*
- *acquisire scritti anche passati, al fine di determinare una evoluzione grafica.*
- *informarsi sulla quotidianità del soggetto al momento della redazione del testamento: era un soggetto attivo, in movimento o viveva una fase depressiva?*

Di converso, non ci si dovrà adeguare, nemmeno se è nei *desiderata* dei clienti, ai *luoghi comuni* della vecchiaia.

Un esempio viene da una intervista rilasciata da Jean-Paul Decorps, presidente della Union Internationale du Notariat (UINL) al giornale di Barcellona *La Vanguardia* : *Il defunto ha lasciato tutto ad un figlio la cui esistenza era ignota alla famiglia. O alla sua giovane badante ... Il Viagra ha rivoluzionato le eredità!* [21]

La scena degli ormai attempati eredi che si trovano, all'apertura del testamento, ad avere un fratello impubere non è poi così infrequente, anche se nelle parole del presidente Decorps vi è materia per le indagini in tema di *captazione*.

---

[21] *El fallecido lo ha legado todo a un hijo cuya existencia desconocía la familia. O a su joven cuidadora ... ¡La Viagra ha revolucionado las herencias!* - da *La Viagra está alterando muchos testamentos* di Victor-M. Amela, La Vanguardia, 30 Novembre 2013.

Ritengo infine, che il solo perito grafico non possa adempiere a tutti questi rilievi, infatti per correttezza professionale e per non voler essere *tuttologhi*, è sempre opportuno farsi affiancare da medici e/o psicologi, previa autorizzazione del giudice e del cliente, e perché:

- i medici possono aiutarci nella comprensione della cartella clinica, decifrandola e rapportando così le condizioni di salute alle effettive possibilità grafomotorie del soggetto ;

- gli psicologi, alfine di classificare il tipo di *esaurimento nervoso* o *forma depressiva* che potrà essere stata documentata dai clienti.

Parte Terza

**La scheda testamentaria e
le scritture comparative**

La ricerca del testamento

La ricerca del testamento (o dei testamenti) di una persona deceduta interessa certamente gli eredi per far valere i diritti conseguenti alle volontà del *de cuius*, ma può essere opportuna in sede di accertamento tecnico per la ricerca di eventuali testamenti *precedenti* quello vigente, da utilizzare quali *scritture comparative* - il Notaio, infatti, non distrugge i documenti precedentemente depositati *repertoriati* come *atti pubblici*, salvo che il *de cuius* non abbia eventualmente ritirato l'atto.

Se è noto il nominativo del Notaio presso cui è depositato un testamento pubblico o segreto, ovvero un testamento olografo depositato fiduciariamente, va direttamente interpellato il professionista, a meno che non abbia cessato l'attività, ed allora ci si deve rivolgere all'Archivio Notarile competente per territorio, ove saranno stati trasferiti tutti i suoi atti.

Qualora il testatore non avesse lasciato indicazioni sull'esistenza e sul luogo di conservazione delle proprie volontà, la ricerca potrà essere effettuata tra i Notai competenti per territorio.

Altra fonte di consultazione è il **Registro Generale dei Testamenti**, conservato presso l'**Archivio Notarile Distrettuale di Roma** ma consultabile telematicamente presso ogni Archivio Notarile distrettuale, esibendo un certificato di morte della persona di cui si ricerca il testamento.

Dalla consultazione del Registro è possibile verificare se una persona deceduta abbia fatto testamento in Italia o in uno degli Stati aderenti alla *Convenzione Internazionale di Basilea* (*Belgio, Cipro, Estonia, Francia, Lituania, Lussemburgo, Paesi Bassi, Portogallo, Spagna, Turchia e Ucraina*) chiaramente per i testamenti pubblici o segreti ovvero olografi quando depositati presso Notaio.

Il testamento diviene efficace (istantaneamente) alla morte del testatore, ed è valido indipendentemente dalla conoscenza dell'atto da parte dei suoi beneficiari. La pubblicazione non è un requisito di validità o di efficacia del testamento, ma di presupposto alla sua esecuzione o alla sua eventuale contestazione giudiziale. I testamenti sono comunque eseguibili indipendentemente dalla loro pubblicazione, qualora gli eredi diano seguito spontaneamente alle disposizioni, senza alcuna invalidità o inefficacia, salve le pretese di qualche ottuso burocrate.

Il testamento pubblico è immediatamente eseguibile proprio per la sua natura di *atto pubblico*, il testamento segreto è pubblicato dal Notaio appena questi riceve la notizia della morte del testatore (art. 621 c.c.) mentre l'olografo verrà pubblicato solo quando verrà consegnato al Notaio da chi ne sia in possesso (art. 620 c.c.)

L'obbligo di pubblicazione grava su chiunque sia - anche accidentalmente - venuto in possesso di un testamento olografo, presentandolo a un Notaio non appena abbia avuto notizia della morte del testatore.

Tale obbligo è però contrastato dalla mancata previsione delle sanzioni, seppure sia ipotizzabile una azione per il risarcimento del danno dalla parte che vi abbia interesse, oppure la configurazione del reato di indegnità (art. 463 c.c.) così come nel caso di distruzione della scheda testamentaria - chi ha la disponibilità della scheda testamentaria potrebbe infatti avere un interesse contrario alla sua pubblicazione. Inoltre, la Legge non pone un termine per la pubblicazione, tanto che è prevista una specifica *actio interrogatoria* (artt. 620 - 621 c.c.) per ottenerla.

Nel caso di distruzione o smarrimento della scheda - avvenuti dopo la morte del testatore - è possibile procedere all'accertamento giudiziale delle ultime volontà, accertamento che sostituirà la pubblicazione divenuta impossibile (Cass. II sez. 3636/2004).

La pubblicazione del testamento viene formata con il verbale nella forma di atto pubblico, alla presenza di due testimoni, in cui il Notaio *descrive lo stato del testamento e ne trascrive il contenuto*, annotando la eventuale apertura se la scheda è stata presentata sigillata. Il verbale viene sottoscritto da chi presenta il testamento, dai testimoni e dal Notaio, e a questi sono uniti la scheda testamentaria, vidimata su ogni mezzo foglio da Notaio e testimoni, e l'estratto dell'atto di morte del testatore ovvero la copia dell'ordine giudiziale di apertura del testamento, o ancora dalla sentenza di dichiarazione di morte presunta.

La descrizione dello *stato* del testamento al momento dell'apertura è una parte del verbale di pubblicazione che il perito dovrebbe **sempre** ottenere e considerare attentamente. Il Notaio, infatti, deve sempre annotare ogni anomalia venga riscontrata, sia essa una piega, una lacerazione, una cancellatura, una colorazione anomala del foglio.

Da annotare, infine, la possibilità da parte di chiunque vi abbia interesse, di richiedere, al Tribunale del circondario in cui si è aperta la successione, che le *parti di carattere non patrimoniale* siano cancellate dal testamento e/o omesse nelle copie che fossero richieste, salvo che l'autorità giudiziaria non ne ordini il rilascio in copia integrale.[22]

L'Accesso ad Atti e Documenti

Il C.T.U. nella sua qualità di fiduciario del Giudice, ha il diritto/dovere, al fine di *bene e fedelmente adempiere all'incarico ricevuto*, di consultare i documenti utili e necessari all'espletamento dell'incarico, la cui acquisizione e valutazione da parte del consulente sia stata disposta dal Giudice stesso.

In merito alla impossibilità per il C.T.U. nominato di procedere all'esame dei documenti necessari all'espletamento dell'incarico è opportuno precisare due aspetti:

1) impossibilità per il C.T.U. di esaminare i documenti per mancata produzione ad opera di una parte processuale e che quindi ha interesse diretto al reperimento o al mancato esame del (i) documento (i) in oggetto ;

---

[22] Uno degli Autori (*Trojani*) ha esperienza di un *testamento pubblico* nel quale ognuno degli eredi veniva individuato univocamente e senza ombra di dubbio da una pesantissima ingiuria. In tal caso il Pretore (allora competente) dispose che le copie della scheda venissero espunte degli epiteti, sostituendoli col nome anagrafico dell'interessato.

2) impossibilità per il C.T.U. di accedere ai documenti necessari all'articolazione dell'elaborato peritale, per rifiuto del depositario del documento, di solito identificabile in un Notaio, ovvero in un Ufficio Pubblico.

Nel primo caso, infatti, il rifiuto, essendo opera di una parte, sia che la mancata producibilità derivi da imprudenza o imperizia, oltre che da dolo o colpa grave, è sintomatico di una mancanza di volontà collaborativa, e potrà essere oggetto di valutazione da parte del Giudice ai sensi dell'art. 116 c.p.c. oltre che per la mancata ottemperanza ad ordine del Giudice stesso. In altri termini, il comportamento della parte negligente, non può essere sottratto a conseguenze e risvolti processuali (*Trib. Mondovì, sentenza 22 Ottobre 2010, resa dal G.I. dott. Paolo G. De Marchi*). La mancata ottemperanza della parte all'ordine di esibizione impartito dal Giudice ai sensi dell'art. 210 c.p.c., costituisce comportamento valutabile ex art. 116 c.p.c., quale implicita ammissione dei fatti da provare attraverso il documento non esibito. (*Trib. di Napoli, 24 Ottobre 2002*).

Sul secondo aspetto, invece, l'ordine/autorizzazione del Giudice ad *accedere, esaminare, estrarre copia* non è un provvedimento a cui il depositario del documento può opporsi, a meno che l'operazione non implichi esami alterativi o distruttivi, o la necessità di particolari cautele, ad esempio nell'esame di documenti antichi o di elevata importanza storica (che va comunque documentata). In caso di impossibilità per il C.T.U. di accedere al documento richiesto si configura, come nel caso precedente - cambia la qualità del soggetto attivo, in questo caso la P.A. o un Pubblico Ufficiale - l'inottemperanza all'ordine del giudice, ai sensi e per gli effetti dell'art. 388 c.p.

In merito alla richiesta della documentazione clinica da parte di *chiunque vi abbia interesse*, vale l'art. 22 della *Legge 7 Agosto 1990, n. 241, Nuove norme in materia di procedimento amministrativo e di diritto di accesso ai documenti amministrativi*, nel quale si garantisce l'accesso ai documenti amministrativi - tra i quali rientrano le cartelle cliniche - a *tutti i soggetti privati, compresi quelli portatori di interessi pubblici o diffusi,* che abbiano un interesse diretto, concreto e attuale, corrispondente ad una situazione giuridicamente tutelata e collegata al documento al quale è chiesto l'accesso.

In merito si può citare la sentenza del Consiglio di Stato, sez. III, 3459/2012, che pur evidenziando che **il diritto alla riservatezza si estingue con la morte del titolare** - Consiglio di Stato Sez. V, 2866/2008 - ai congiunti superstiti, indipendentemente dal possedere o meno la qualità di eredi, vengono in generale attribuiti poteri di tutela della situazione giuridica dell'interessato defunto, che andrà pertanto commisurata con quella di chi, avendone interesse diretto, richiede l'accesso alla documentazione sanitaria.

Collazione e fotoriproduzione

Per *collazióne* (lat. *collatio -onis*, conferimento, confronto, der. di *collatus*, part. pass. di *conferre*, portare insieme, confrontare) si intende il confronto di una o più copie o trascrizioni di un testo con l'originale, per verificarne l'esatta corrispondenza. Esempio, rilevante nel nostro ambito, tra la *copia di un testamento olografo* ed il suo originale.

La collazione è regolata dall'art. 746 c.p.c. (Collazione di Copie): chi ha ottenuto la copia di un atto pubblico a norma dell'articolo 743 c.p.c. ha diritto di *collazionarla con l'originale* in presenza del depositario. Se questi si rifiuta, può ricorrere al Tribunale nella cui circoscrizione il depositario esercita le sue funzioni. Il Giudice, sentito il depositario, dà con decreto le disposizioni opportune per la collazione e potendo eseguirla egli stesso recandosi nell'ufficio del depositario.

Fotoriprodurre un documento, per il perito grafico o documentale non è una semplice acquisizione della *rappresentazione* dell'oggetto, poco più, insomma, di quel che si può ottenere con una fotocopia.

L'*imaging*, come correttamente lo si dovrebbe chiamare, è uno strumento per ottenere informazioni che vanno ben oltre il semplice aspetto; lo stesso Ministero di Giustizia ha già da tempo ricordato che gli esami fotografici di qualsiasi tipo rientrano nella più vasta nozione di **ispezione** ai sensi dell'art. 67 della Legge Notarile (L.89/1913) - tanto che il Notaio non può opporsi alla richiesta fatta dal C.T. o dal perito d'Ufficio. Per i C.T. di parte, vale sempre l'art. 66 della Legge Notarile, e la richiesta sarà a discrezione del Notaio.

In merito, una parentesi sul **primo mezzo tecnico** a disposizione del Perito: le **buone maniere**. Presentarsi ad un Notaio, a un Cancelliere, a un Pubblico Ufficiale in genere con cortesia, senza arroganza, cercando di conciliare le esigenze dell'Archivio con quelle dell'incarico è, probabilmente, il miglior lasciapassare. Di converso, vige sempre l'adagio secondo cui *per dirti di no, non sono necessarie giustificazioni*.

La ricerca delle scritture comparative

La ricerca di un adeguato *corpus* comparativo è forse uno dei momenti più defatiganti nell'esperienza della perizia su testamenti.

Le contrapposte esigenze delle parti tendono a ridurre drasticamente, attraverso veti incrociati, la disponibilità di scritture comparative, spesso riducendole a poche firme autenticate, anche lontanissime nel tempo dalla data del documento in verifica.

La **normativa** in tema di *scritture di comparazione* nel processo civile è riassunta negli *artt. 214 → 220 c.p.c.* Evidenziamo brevemente le parti di interesse alla perizia su testamento.

La norma distingue tra *scrittura, scritto di pugno del soggetto*, e *sottoscrizione* idonea ad indicare con ragionevole certezza la persona che la ha apposta. Dottrina e giurisprudenza non sono univoche nello stabilire criteri generali di accettazione, si pensi solo all'orientamento contrastante circa la *inamissibilità* di una scrittura *non sottoscritta* dal soggetto - anche nel caso della lista della spesa o di un foglio d'agenda.

L'art. 214 c.p.c. , secondo comma, prescrive che *gli eredi o aventi causa possono limitarsi a dichiarare di non conoscere la scrittura o la sottoscrizione del loro autore*, riconoscendo a questi la possibilità di ignorarla in buona fede, attribuendo a detta dichiarazione di *non conoscenza* gli stessi effetti del disconoscimento.

L'art. 215 c.p.c. consente alla parte di verificare la conformità all'originale della copia prodotta, consentendone il disconoscimento entro la prima udienza o risposta successiva alla produzione.

L'art. 217 c.p.c. regola la verificazione della scrittura disconosciuta, elencando i possibili provvedimenti istruttori, a discrezione del Giudice, che comunque non ha alcun obbligo di emetterli. Il primo comma prevede che il Giudice possa fissare termine per il deposito in cancelleria delle scritture di comparazione e la eventuale nomina di un consulente tecnico.

È necessario ricordare che il disconoscimento di una scheda testamentaria segue procedure **diverse** da quelle degli altri documenti - in questa sede ci stiamo concentrando sulle *scritture di comparazione*.

Fondamentale il terzo comma : *Nel determinare le scritture che debbono servire di comparazione, il giudice ammette, in mancanza di accordo delle parti, quelle la cui provenienza dalla persona che si afferma autrice della scrittura è riconosciuta oppure accertata per sentenza di giudice o per atto pubblico*.

La Giurisprudenza prevalente tende, inoltre, a non accettare tra le scritture comparative quelle *tacitamente riconosciute* (→ non esplicitamente disconosciute, ex 215 c.p.c.)

Il C.T.U. non potrà servirsi di scritture di comparazione non preventivamente indicate dal Giudice, *a pena di nullità della consulenza*, anche nel caso che le parti siano unanimemente d'accordo nell'acquisire un documento non preventivamente autorizzato, o in sede di incarico o in risposta positiva a specifica istanza.

L'art. 219 c.p.c. prevede che le scritture di comparazione che siano presenti presso *depositari pubblici o privati* vengano depositate in Cancelleria, se ne è consentita l'asportazione, altrimenti (secondo comma) il Giudice dispone per l'esame nel luogo ove si trovano le scritture stesse, alla presenza del depositario.

È chiaramente *inattuabile* il disposto dell'art. 219 c.p.c. giacché non è possibile chiedere al *de cuius* di *scrivere sotto dettatura*, mentre chiaramente potranno essere considerati eventuali *saggi grafici* rilasciati per motivazioni diverse quando il testatore era ancora in vita, purché ante un pubblico ufficiale (come è il Perito, il C.T. del Giudice o del P.M. nell'esercizio delle proprie funzioni)

Diversa è la situazione nel caso venga istruito un **procedimento penale,** in particolare con la ipotesi di *falsificazione della scheda testamentaria*. In tal caso vale certamente il disposto dell'art. 75 delle disposizioni di attuazione del c.p.p. nel caso di richiesta di saggio grafico all'indagato (per la falsificazione della scheda, non certo al *de cuius*), così come nell'ammissione di *ogni altra scrittura quando non vi è dubbio* *sulla sua autenticità*, acquisendole anche mediante atti di perquisizione e di sequestro.

L'indicazione al Giudice delle *scritture comparative* nel caso dei testamenti, ove non è possibile chiedere all'interessato di riconoscere o meno la sua grafia, va in pratica fatta con l'*accordo delle parti*. Molto spesso, però, la scelta viene fatta senza il contributo di un perito grafico, che può correttamente orientare la scelta sia nel senso più rilevante della attribuzione di uno scritto, ma anche della utilità di questo ai fini dei confronti, per gli aspetti di coevità, omogeneità e caratteristiche documentoscopiche rispetto alla scheda contestata. Questo modo di procedere indirizza i difensori verso una scelta rigida, che alla fine porta alla acquisizione delle sole sottoscrizioni (se mai esistono) autenticate da un pubblico ufficiale.

Il testamento (testo, data, firma) viene quindi ad essere confrontato con *sole firme*, talvolta molto, troppo, lontane nel tempo. Se da una parte è possibile stabilire la nullità di un testamento una volta che si è dimostrata la falsità della *sola sottoscrizione*, non è però possibile, qualora si ritenga questa autentica, estendere il parere all'intera scheda, se non in via di probabilità o compatibilità (*sic est*).

Gia si è scritto in precedenza dei modi per ricercare eventuali *testamenti precedenti*, da utilizzare come *scrittura comparativa* (per quanto anche un olografo implicitamente revocato possa a sua volta essere contestato).

Altre fonti usuali di scritture comparative sono le *sottoscrizioni apposte sui documenti di identità e sulle relative richieste di rilascio* (reperibili presso gli uffici competenti: anagrafe, prefettura, questura) se non ancora avviati al macero (in genere dopo cinque anni dalla perdita di efficacia). Su tali sottoscrizioni e sul riempimento dei moduli relativi grava però sia il dubbio connesso con la mala abitudine di molti uffici di non richiedere l'apposizione della firma *ante l'ufficiale* (nonostante esistano in genere **rigidi** regolamenti specifici) sia una interpretazione, minoritaria, che ritiene *non autenticate* tali sottoscrizioni, nonostante altre norme e l'uso le considerino certamente tali.

Altre scritture comparative, pressoché esclusivamente sottoscrizioni, possono essere rinvenute su *atti notarili* o altre dichiarazioni *autenticate da pubblico ufficiale*, su *atti giudiziari* della più svariata genesi (dalle sottoscrizioni sulle notifiche, su deleghe al difensore, su processi verbali). La sussistenza di un patrimonio immobiliare implica l'esistenza di un atto di acquisizione del titolo, individuabile attraverso una semplice *visura* catastale. Più complessa la ricerca degli atti giudiziari, specie se relativi a procedimenti lontani nel tempo.

L'esistenza di *rapporti con istituti bancari* o con i servizi finanziari delle *poste* implica la sottoscrizione di uno o più *contratti*, il deposito di uno *specimen* della sottoscrizione, la presenza delle firme di traenza e di girata su assegni e vaglia, e così procedendo. Analogamente, per i *contratti relativi a servizi e utenze* (gas, telefono, elettricità) o altri contratti, ad esempio *assicurativi e finanziari*.

Ancora *sottoscrizioni* possono essere rinvenute su *cartelle cliniche* o *autocertificazioni* minime, su *dichiarazioni* rilasciate ad uffici pubblici o ai fini fiscali, oppure *verbali* di vario tipo, quando apposte a persona avente la qualifica di pubblico ufficiale (dalla commissione sanitaria al vigile urbano che redige un verbale di infrazione).

Sottoscrizioni, essenzialmente e prevalentemente: **rarissimi** sono infatti i casi in cui si può rinvenire *un intero testo* autenticato da Notaio o altro pubblico ufficiale.

La cosiddetta *scrittura libera* di una persona è rinvenibile su *diari, agende, lettere, biglietti, appunti*, anche per quantità e qualità rilevantissime - ma chiaramente prive di autentica e *vittime predestinate* di una opposizione della controparte.

Le difficoltà in sede peritale nascono dall'opposizione - *spesso immotivata e eminentemente ostruzionistica* - delle parti contrapposte; non è infrequente che un testamento possa essere confrontato solo con scritture autenticate da pubblico ufficiale, ovvero pressoché esclusivamente *sottoscrizioni*.

Una nota finale va dedicata alle Linee Guida del Garante per la Protezione dei Dati Personali, che al quarto comma del punto 2.2 recitano:[23] *Ciò, non solo allo scopo di fornire un riscontro esauriente in relazione al compito assegnato, ma anche al fine di evitare che, da un quadro inesatto o comunque inidoneo di informazioni possa derivare nocumento all'interessato, anche nell'ottica di una non fedele rappresentazione della sua identità (art. 11, comma 1, lett. c)*

La garanzia dei dati personali non è quindi riferita solamente all'obbligo della *tutela di informazioni corrette e legittimamente acquisite, contro un loro uso indebito o fraudolento*, ma anche e soprattutto all'*obbligo che tali informazioni siano effettivamente riferite al soggetto in questione, siano di quantità e qualità tale da fornire una immagine completa di questi, e non siano alterate , degradate, incomplete o addirittura inattendibili* (ad esempio, perché riferite a persona diversa).

Le Linee Guida impongono al perito la responsabilità della ricerca della documentazione che *effettivamente e compiutamente* rappresenti un individuo, senza deroghe né inquinamenti.

Assumere delle scritture di comparazione solamente perché *sono lì* è in sé già un atto professionalmente riprovevole, in quanto non garantisce la autenticità delle scritture se non per una formalità debole e sbrigativa, ma ai fini della protezione dei dati personali costituisce una *infrazione a tutto tondo*, con risvolti penalistici ancora da verificare e sottoporre alla prova della Giurisprudenza.

Il perito, nel rispetto delle Linee Guida emanate dal Garante, deve **sempre** documentare, con la adeguata verbalizzazione degli atti compiuti in tale ambito, la qualità delle informazioni assunte al fine di definire esattamente l'identità della persona, sia essa rappresentata nel singolo aspetto grafico, clinico, economico-finanziario, a seconda dell'indirizzo peritale considerato.

---

[23] Ascanio Trojani, citato in V.Mastronardi, S.Bidoli, M:Calderaro - *Grafologia Giudiziaria e Psicopatologia Forense* - Giuffré, IIed, Milano 2011.

Parte Quarta

Giurisprudenza e Normativa

Giurisprudenza

Forma del Testamento

Corte d'Appello di Firenze, 13 Luglio 1925, presidente Giannattanasio, estensore Petroncelli
Il *testamento olografo* può essere scritto *su qualsiasi materia e con qualsiasi mezzo*, basta che sia *scritto, datato e firmato dal testatore* e che appaia *perfetto e completo* al momento dell'esibizione. *La legge, pel testamento olografo, non richiede altri termini all'infuori di quelli ivi chiaramente e tassativamente determinati. Quindi nessuna solennità di forma o di espressione, nessuna specificazione di materia o mezzi grafici. Scriva il testatore su carta o su pergamena, su cuoio, su tela, su legno, su lamiera ... si serva di penna, di matita, di stilo, di bulino, ecc ... adoperi egli inchiostro comune, acqua speciale o succo di frutta, di erbe, o sangue, ecc. ... ; si esemplifichi pure quanto si vuole in tutto ciò, l'essenziale è che il testamento sia scritto per intiero, datato e sottoscritto alla fine delle disposizioni, e che scritto e in tal modo completo e perfetto appaia al momento in cui il beneficato o chi per lui lo presenta per servirsene, qualunque sia stato il modo e il tempo in cui la scrittura è stata messa in luce, purché beninteso essa sia e rimanga di esclusivo pugno del testatore.*
Nel caso in esame, l'olografo era stato scritto con l'inchiostro simpatico[24] - succo di limone - che si *abbrunì* una volta riscaldato.

Cass. II Sez. , 1570/1978
L'alterazione della *data del testamento olografo* da parte di persona diversa dal testatore, non rientra nella previsione dell'art. 602 c.c. e *può essere accertata unicamente mediante querela di falso.*

---

[24] Nel già ricordato terzo volume della collana **I Libri del Perito** : **Ascanio Trojani, Articoli 1985-2005**, è riproposto un articolo del 1985 sugli *Inchiostri Simpatici*.

Cass. II Sez., 1112/1980
Non è necessario che il testamento, olografo o per atto di Notaio, debba obbligatoriamente riportare (a pena di nullità) le complete indicazioni catastali e di configurazione degli immobili. Per la validità dell'atto è necessario e sufficiente che gli immobili siano univocamente identificabili senza possibilità di confusione. Toccherà agli eredi, invece, in sede di trascrizione e di denuncia di successione, identificare compiutamente gli immobili stessi.

Cass. II sez., 5480/1981
Il *codicillo* [25] - se autografo, datato e sottoscritto dal testatore - rientra nell'ampio concetto di *testamento olografo*, la cui efficacia non è però automaticamente liberata dalla invalidità ex art. 624 c.c. (violenza, dolo, errore) del testamento cui si *appoggia*, ove, per il *principio della conservazione del testamento*, la precedente disposizione seppure viziata dalla non corrispondenza alla effettiva volontà del testatore, risulti presente alla mente di questo nel momento in cui, con volontà non viziata, ha redatto il *codicillo*.

Cass. II Sez., 3972/1984
Nella *interpretazione* di un testamento olografo, la *personalità*, la *condizione sociale o culturale* e *l'età* del testatore sono elementi utilizzabili in caso di dubbio sulla portata e la effettiva volontà delle disposizioni testamentarie, espresse in modo improprio o ambiguo, integrando il *criterio ermeneutico* consentito dall'art. 1362 c.c.

Cass. II Sez., 2074/1985
Il *testamento olografo* può essere redatto validamente in *più momenti successivi*, anche mediante *l'utilizzazione della medesima scheda*. Nessuna norma stabilisce che il testamento debba essere redatto e firmato in un

---

[25] Il *codicillo* è un documento che emenda un documento precedente, nel nostro caso un testamento, senza però superarlo, limitandosi ad aggiungere, togliere o precisare alcune disposizioni. Frequentemente viene apposto in calce o in margine ad un testamento olografo.

uni-co contesto temporale, ed è accettabile la formazione *progressiva* di questo. È valido quindi l'olografo in cui il testatore *utilizza propri scritti precedentemente stilati* aggiungendovi, *in un secondo tempo*, la data, la sottoscrizione ed eventuali espressioni che rivelino la volontà di imprimere a tali scritti il carattere di testamento.

Cass. II Sez., 6641/1987
La data può essere apposta in ogni parte della scheda olografa, anche precedendo il testo delle disposizioni. Nel caso di testamento asincrono, redatto cioè in più tempi, la data apposta perfeziona il testamento per *tutte* le disposizioni indicate, nella loro interezza.

Cass. II Civ., 6682/1988
L'omessa o l'incompleta indicazione della data, comporta l'annullabilità del testamento olografo, da far valere entro cinque anni dalla sua esecuzione. Trattandosi di *requisito di forma cui la legge ricollega la validità dell'atto*, si esclude che la data possa ricavarsi *aliunde* da elementi estranei all'atto.

Cass. Penale V Sez., 15852/1990
Nell'accertamento dell'autenticità di uno scritto [nella fattispecie, un *testamento olografo*] il Giudice di merito non deve trascurare *nessuno* degli elementi di valutazione in suo possesso che, con gli altri, consenta o meno di pervenire ad una certa conclusione. *La perizia grafica costituisce solo uno degli elementi da valutare, insieme con gli altri, a tale fine.*

Cass. II Sez., 7636/1991
Il testatore che, a causa del suo stato di salute o per carenza di istruzione, *redige il testamento olografo con l'aiuto di altra persona che gli guida la mano*, collaborando alla materiale compilazione del documento, quanto meno *sorreggendo la penna e contribuendo alla formulazione delle lettere*, **fa venire meno il requisito dell'autografia**, elemento indispensabile per la validità del testamento olografo, nel quale si richiede che data, testo dell'atto e sottoscrizione provengano **esclusivamente** dal

testatore. L'autografia deve quindi essere esclusa quando anche **uno** solo degli elementi richiesti (data, testo, firma) risulti *in tutto o in parte opera di altra persona, ancorché si tratti di mero aiuto o di guida della mano.*

Cass. II Sez. , 32/1992
È valido il testamento olografo che sia stato redatto per scritto dal testatore con la *collaborazione grafica meramente meccanica di un terzo* del quale il testatore si sia servito *senza divenirne un inerte strumento di scritturazione,* limitandosi a prestare una *materiale collaborazione alla redazione dell'atto, tale da non eliminare il carattere di stretta personalità dello scritto e di abitualità della grafia.* Nel caso in specie, il testatore si era fatto *sorreggere* il braccio per scrivere con maggior chiarezza la *data*, elemento la cui presenza, oltretutto, è prevista a pena di *annullabilità* e non di *nullità*.

Cass. II Sez. , 3950/1992
La *invalidità* del *testamento olografo* non si estende automaticamente al *codicillo* aggiunto alla scheda testamentaria.

Cass. II Sez. , 11504/1992
La *sottoscrizione* del testamento olografo dovrebbe generalmente essere fatta con la indicazione del nome e del cognome, *ma può anche essere fatta con equipollenti* purché questi siano di *sicuro affidamento per la riferibilità dell'autografo al testatore*, anche per il tramite del contenuto delle disposizioni e la loro contestualizzazione.
Nel caso di specie, la scheda era stata sottoscritta da *Mamma*.

Cass. II Sez. , 8899/1994
I requisiti formali del *testamento olografo* - a norma dell'art. 602 c.c. - sono la sua *totale autografia*, la *opposizione della data* - per la quale non è richiesta una particolare posizione rispetto al testo dell'atto - e la *sottoscrizione in calce* - che può anche non essere fatta per esteso, a condizione, espressamente prevista dalla Legge, che essa sia sufficiente a designare con *certezza* la persona del testatore.

Non è compreso tra i requisiti formali quello della *regolarità e leggibilità della scrittura*, salva *la necessità che il testo autografo sia decifrabile, affinché possa essere accertata senza ambiguità la volontà del testatore*.

Cass. II Sez. , 12437/1997
Il cieco non è, in quanto tale, impedito ad apporre la sua firma, la quale - anche se proveniente soggetto privo di vista - è degna espressione dell'essere umano, e non già per definizione sgorbio illeggibile.
L'ordinamento considera il non vedente persona di norma, ed in linea di principio, dotata della capacità di firmare tutti gli atti documentali nei quali sia chiamata ad intervenire, ivi compreso il testamento pubblico.

Cass. II Sez. , 11703/2001
È assolutamente valido il testamento olografo *redatto su più fogli separati*, *ed in tempi diversi*, a condizione che tra i diversi fogli esista un *collegamento materiale* e che tra le varie disposizioni in essi contenute esista un *collegamento logico e sostanziale*.
È altresì escluso che la *data* possa ricavarsi *aliunde* da elementi estranei all'atto, trattandosi di *requisito di forma cui la Legge vincola la validità del testamento*, a meno che non sussistano *colleganti fisici*, ad esempio, con la busta in cui è inserita la scheda.

Cass. II Sez. , 16186/2003
Ai sensi dell'art. 602 c.c. la *sottoscrizione del testamento olografo* deve essere apposta **alla fine delle disposizioni**, ed è pertanto **nulla** per mancanza della sottoscrizione ai sensi dell'art. 606 c.c. la scheda nella quale *la firma sia apposta in margine alla pagina, se non per la necessità conseguente alla mancanza di spazio sul foglio*.

Cass. II Sez. , 1789/2007
Alla parte nei cui confronti venga prodotta una scrittura privata è consentito di **disconoscerla**, facendo carico controparte di richiederne la verificazione, addossandosi a sua volta il relativo onere probatorio ovvero, alternativamente, senza riconoscere né espressamente né ta-

citamente la scrittura in oggetto, di proporre **querela di falso** al fine di contestare la genuinità del documento, strumento più gravoso ma che porterebbe al risultato più ampio e definitivo, ovvero la completa rimozione del valore del documento con effetti *erga onnes*, e non solo verso la controparte.

Detto principio è applicabile *anche in caso di testamento olografo*, ove l'erede istituito con un precedente testamento è legittimato, art. 214 c.p.c. a disconoscere un *successivo* testamento contro di lui prodotto e con il quale è stato istituito un diverso erede.

Cass. II Sez. , 1903/2009

In un giudizio per la declaratoria di nullità di un testamento olografo, per non autenticità della sottoscrizione, *l'esame grafologico deve necessariamente compiersi sull'originale del documento*, e non su una sua riproduzione, poiché soltanto in questo potranno rinvenirsi tutti quegli elementi la cui peculiarità consentirebbe di risalire, con elevato grado di probabilità, al reale autore della sottoscrizione.

Cass. II Sez. , 9905/2009

La validità di un testamento olografo non è inficiata dall'accertamento che in esso vi sono correzioni a opera di *mano aliena*, purché sia *rimasta integra la volontà del testatore*. In particolare, lo scritto di *mano aliena* sarà irrilevante se apposto in una area distinta da quella occupata dalle disposizioni, ma non quando l'inserzione - *anche di una sola parola* - avvenga nel corpo delle disposizioni stesse, *interferendo sulla volontà del testatore*.

Cass. II Sez. , 918/2010

Qualora si produca in giudizio *la fotocopia di un frammento dell'originale della scheda testamentaria*, tale che non sia possibile ricostruirne l'integro ed esatto contenuto, deve ritenersi *ammissibile la prova per testimoni* finalizzata, da un lato, a dimostrare - ai sensi dell'art. 684 c.c. - sia che la *distruzione o cancellazione parziale del testamento* non costituisca una effettiva revoca sia che il mancato ritrovamento dell'originale della scheda non sia addebitabile - secondo gli artt. 2724 e 2725 c.c. - all'istituito.

Cass. II Sez., 1239/2012
Il requisito della *autografia* ex art. 602 c.c. consente che nello stesso documento siano presenti il testamento olografo rispondente ai requisiti di Legge e *scritti di altra mano* apposti dopo la sottoscrizione del testatore ed in una parte del documento diversa, che pertanto non possono invalidare le disposizioni originali.
Nel caso di specie, una Consulenza Tecnica d'Ufficio aveva evidenziato una *macroscopica differenza di grafismo* tra la scheda originale, indicante gli eredi e la sottoscrizione del testatore, e il *codicillo*, caratterizzato da una *mano guidata*. Ritenendo che le disposizioni originarie fossero interamente di mano del testatore, compresa la sottoscrizione, e quindi *manifestazione di una sua volontà compiutamente e incondizionatamente formata e manifestata diretta a disporre in tutto o in parte dei propri beni per il tempo successivo alla morte*, la nullità del *codicillo* non si riverte sull'intero documento.

Cass. V Sez. penale, 23613/2012
Nel caso della falsificazione e dell'utilizzo come tale di un testamento olografo, si applica l'art. 485 c.p. (*falsità in scrittura privata*), di cui l'art. 491 c.p. (*documenti equiparati agli atti pubblici agli effetti della pena*) configura una mera aggravante. Per contestare l'aggravante è sufficiente che la scrittura *appaia* come un testamento olografo, cioè *sembri integralmente redatto, datato e sottoscritto dal testatore*, tanto più quando venga poi utilizzato, al fine di conseguire il *vantaggio ingiusto* previsto dalla norma penale.

Cass. II Sez., 8352/2012
Un testamento olografo costituito esclusivamente da una clausola di diseredazione di *specifici successibili non legittimari* è comunque una specifica manifestazione di volontà, seppure negativa, ed è pertanto valido. Per escludere uno o più successibili dall'eredità non è necessaria

una manifestazione positiva verso i restanti eredi, *costituendo espressione di un regolamento di rapporti patrimoniali, che può includersi nel contenuto tipico del testamento.*

Cass. II Sez. , 8753/2012

Le *disposizioni* aggiunte da terzi al testamento olografo non invalidano l'intera scheda se sono apposte *dopo* la sottoscrizione; ai fini della nullità, sono rilevanti le sole aggiunte nel corpo del testo. L'invalidità si compie, per difetto di autografia, anche quando vi sia stato l'inserimento anche di *una sola* parola estranea durante la redazione, e *anche se su richiesta e con il consenso del testatore*, interferendo sulla *strettissima personalità* dell'atto.

Si osserva che, se invece di un *infra*, sulla scheda vi sia, ad esempio, l'apposizione di un *commento*, successivo alla redazione, che *non influisce sulla unicità delle disposizioni*, il testamento *potrebbe* essere interpretato come valido. [26]

Cass. II Sez. , 20703/2013

È sufficiente ad escludere la validità del testamento olografo ogni intervento di terzi, indipendentemente dal tipo e dall'entità - anche una sola parola - *durante* la redazione del testamento, senza che assuma rilievo l'importanza sostanziale della parte aggiunta ai fini della nullità dell'intero testamento in forza del principio *utile per inutile non vitiatur*.

Cass. VI Sez. , 22420/2013

È nullo il testamento olografo se la firma del *de cuius* è solo sulla busta che lo contiene e non sulla scheda vera e propria; analogamente deve ritenersi per la scheda sottoscritta in margine, se vi è spazio per la firma al di sotto delle disposizioni. La sottoscrizione è elemento impre-

---

[26] Nella pratica di uno degli Autori (*Trojani*) vi è il caso di un testamento in cui in corrispondenza all'ipocoristico *Maité*, il coniuge della *de cuius* aveva annotato il nome per esteso della nipote, *Maria Teresa*, successivamente alla redazione della scheda. In tal caso, il giudizio fu favorevole alla validità, in quanto non si trattava né di *inserimento* né di *alterazione*.

scindibile per garantire la provenienza dell'atto dal testatore, in quanto *il testamento olografo non è atto pubblico né è rogato da pubblico ufficiale.*

Cass. II Sez. , 23278/2013
Nel caso di testamento olografo in *forma di lettera*, è necessario che lo scritto contenga la manifestazione di una volontà definitiva, compiutamente ed incondizionatamente formata e manifestata, diretta a disporre attualmente, in tutto o in parte, dei propri beni per il tempo successivo alla propria morte. Quindi, in considerazione della solennità dell'atto e delle sue conseguenze giuridiche, per accettare una scrittura privata quale testamento olografo - oltre ai requisiti di forma ex art. 602 c.c. - l'accertamento, prevalente anche sulla interpretazione della volontà testamentaria, della *riconoscibilità nella scrittura della volontà attuale del suo autore di compiere non già un mero progetto, ma un atto di disposizione del proprio patrimonio per il tempo successivo al suo decesso*, riflettendo inequivocabilmente la volontà del testatore, di cui le disposizioni devono essere frutto e non riconducibili ad altri intenti.

Cass. VI Sez. , 24882/2013
Se un terzo ha guidato, in qualunque modo, la mano del *de cuius* nella redazione del suo testamento olografo, la scheda è nulla anche se le disposizioni, eventualmente, corrispondono alle intenzioni del testatore. Qualora la *mano guidata* sia provata per la sola redazione della *data*, l'elemento comporta l'annullabilità e non la nullità del testamento.

Cass. II Sez. , 8346/2014
Il testamento pubblico privo della sottoscrizione del non vedente è nullo; la attestazione del Notaio circa l'incapacità a firmare è del tutto irrilevante, se non accompagnata da adeguata certificazione.
I giudici affermano che il soggetto fosse *sicuramente in grado di compiere un atto, quale quello della sottoscrizione, caratterizzato da automaticità e ripetitività, peraltro già compiuto in epoca non remota ed a distanza di tempo ravvicinata rispetto alla redazione del testamento pubblico.*

Cass. II Sez. , 14119/2014
In un testamento olografo viene rispettato il dettato dell'art. 602 c.c. anche quando la sottoscrizione della scheda sia stata apposta a margine o in altra parte della scheda, anziché in calce, in conseguenza della mancanza di spazio su cui apporla.

Capacità a Testare

Cass. III Sez. , 3458/2005
In tema di circonvenzione di persone incapaci, lo stato d'infermità o deficienza psichica della persona offesa *si sostanzia in tutte le forme, anche non morbose, di abbassamento intellettuale, di menomazione del potere di critica, di indebolimento della funzione volitiva ed affettiva, che rendano facile la suggestionabilità e diminuiscano i poteri di difesa contro le insinuazioni e le insidie.*

Cass. II Sez. , 8728/2007
La *incapacità naturale* del testatore non si identifica in una generica alterazione del normale processo di formazione ed estrinsecazione della volontà, ma richiede che *al momento della redazione del testamento il soggetto sia assolutamente privo della coscienza del significato dei propri atti.* Le anomalie comportamentali riferite, nel caso in esame, sulla persona del testatore possono rappresentare indici di una generica *riduzione* della capacità di intendere e volere ma *non costituiscono elementi idonei a provare l'assoluta incapacità richiesta per dichiarare l'invalidità del testamento* dall'articolo 591 c.c.

Cass. 24301/2008
L'annullamento di un testamento per incapacità naturale del testatore postula l'esistenza *non già di una semplice anomalia o alterazione delle fa-*

coltà psichiche ed intellettive del *de cuius*, bensì **la prova** che, a cagione di una infermità transitoria o permanente, ovvero di altra causa perturbatrice, *il soggetto sia stato privo in modo assoluto, al momento della redazione dell'atto di ultima volontà, della coscienza dei propri atti ovvero della capacità di autodeterminarsi.*

Inoltre, l'onere della prova di tale condizione grava sul soggetto che impugna la scheda testamentaria, salvo che il testatore non risulti affetto da incapacità totale e permanente, nel qual caso è compito di chi vuole avvalersi del testamento dimostrare che esso fu redatto in un momento di lucido intervallo.

Cass. II Sez. , 230/2011
Ai fini dell'accertamento sulla sussistenza o meno della *capacità di intendere e di volere del testatore al momento della redazione della scheda*, il Giudice del merito non può ignorare il *contenuto* del testamento medesimo e gli altri elementi di valutazione da esso desumibili, in relazione alla serietà, normalità e coerenza delle disposizioni in esso contenute, nonché ai sentimenti ed ai fini che risultano averle ispirate.

Cass. II Sez. , 6978/2011
Deve essere esclusa la nullità del *testamento pubblico* per incapacità naturale del testatore, quando questo non sottoscrive il documento a causa delle precarie condizioni fisiche: la circostanza, infatti, *non è indice di incapacità mentale o di una volontà di invalidare l'atto*, tenendo conto anche della dichiarazione del Notaio rogante, che riferisce che il testatore si era dichiarato *spossato e sfinito* al punto di non poter nemmeno firmare l'atto. La mancanza della sottoscrizione, inoltre, non può essere interpretata come la volontà di invalidare l'atto né tanto meno come una manifestazione d'incapacità. Si segnala anche una consulenza tecnica d'ufficio nel giudizio di merito, che dichiarava il testatore *sofferente, ma non al punto di non essere più capace d'intendere.*

Corte d'Appello di Roma, Sez. III, 2184/2012
Il paziente affetto da malattia invalidante, nel caso la *sclerosi laterale amiotrofica* (SLA), può fare testamento dettando le proprie volontà

all'*amministratore di sostegno*, avvalendosi del comunicatore oculare, non potendosi ammettere, trattandosi di discriminazione fondata esclusivamente sulla disabilità, che un individuo perda la facoltà di testare solo a causa della propria malattia. Per i pazienti affetti da SLA, o di altra malattia con analoghi effetti invalidanti, si ritiene sussistere un vero e proprio *diritto personalissimo alla comunicazione non verbale*, mediante l'utilizzo di un comunicatore a puntamento oculare, o di qualsiasi nuova tecnologia adatta allo scopo, per esprimere i propri desideri e volontà.

Cass. Sez. II penale, 512/2012

Se il testatore è capace di autodeterminarsi, non può configurarsi la circonvenzione di incapace. Inoltre, per l'integrazione del reato è necessaria una *condotta di induzione* e non, come nel caso in specie, una mera convivenza della beneficiaria, di per sé assolutamente non significativa.

Nel caso in specie, ove il *de cuius* istituiva la propria *badante*, l'istruttoria aveva accertato che questi fosse affetto da un *deterioramento cognitivo di grado lieve*, ed era quindi *lucido e nel pieno possesso delle sue facoltà mentali*. Il testatore, inoltre, aveva richiesto una consulenza legale sul contenuto del testamento, estrinsecatasi in un testamento depositato presso Notaio, anziché in casa, alla mercé di quei *terzi* su cui affermava non aver fiducia alcuna (parenti, non legittimari).

Cass. VI Sez., 17038/2012

Nel caso in specie, il *de cuius* era ritenuto incapace di intendere secondo il parere del medico di famiglia, mentre uno specialista neurologo forniva valutazione opposta. Il testamento veniva confermato, poiché non era possibile *pervenire con valutazione di ragionevole certezza, alla valutazione dell'esistenza di uno stato di incapacità naturale. giacché le valutazioni tecniche opposte si annullano tra loro*, confermando lo *status quo*.

Cass. II Sez. , 23450/2012
Il testamento si ritiene valido in *assenza di prova compiuta* che nel momento della redazione il *de cuius* versasse in stato di *incapacità naturale*, non essendo sufficienti eventuali anomalie comportamentali ed uno stato di depressione.

Cass. VI Sez. , 24881/2013
L'invalidità del testamento richiede che, *al momento della redazione dello stesso, il soggetto sia assolutamente privo della coscienza del significato dei propri atti*.

Cass. VI Sez. , 26931/2013
Ai fini della *configurabilità di una scrittura privata come testamento olografo* deve essere accertata la *oggettiva riconoscibilità nella scrittura della volontà attuale del suo autore di compiere un atto di disposizione del proprio patrimonio per il tempo successivo al suo decesso*. Se il testamento non è *chiaro e compiuto* dovrò essere invalidato per *indeterminatezza delle disposizioni*.

Cass. II Sez. , 5527/2014
Affermato che lo *stato di capacità costituisce la regola e quello di incapacità la eccezione*, è onere di colui che impugna il testamento la dimostrazione della dedotta incapacità, salvo che il testatore non risulti affetto da *incapacità totale e permanente*, nel qual caso sarà invece onere di chi vuole avvalersi del testamento dimostrare che questo fu redatto in un *momento di lucido intervallo*.
L'ordinamento corrente presume, infatti, che *ogni persona maggiorenne e sana sia capace di intendere e volere*, cosicché lo *stato di capacità* si presume e costituisce *regola generale*, costituendo *eccezione* lo stato di incapacità. Il testamento è quindi presuntivamente *sempre valido*, spettando a chi lo impugna la dimostrazione della incapacità del *de cuius*. L'onere si inverte, qualora il testatore fosse *totalmente e permanentemente incapace*, e chi vuole avvalersi del testamento dovrà dimostrare che questo fu redatto in un *momento di lucidità*.

Cass. II Sez. Penale, 28907/2014
La circonvenzione di incapace può realizzarsi, anche in via presuntiva, attraverso un qualsiasi comportamento o attività che porti la vittima *a compiere atti che in condizioni normali non avrebbe compiuto* ed ai quali non sia *capace di opporsi proprio in ragione della sua incapacità* e che *apportino alla vittima stessa un pregiudizio a favore dell'agente*.

Normativa

La normativa fondamentale **sul Testamento** è quella espressa nel *Libro Secondo del Codice Civile*, intitolato per l'appunto *delle Successioni*. Gli articoli di interesse peritale (quelli del *Titolo III*) vengono qui riportati, espungendo quelli abrogati dalle nuove Leggi, tra cui si segnalano la **riforma del Diritto di Famiglia del 1975** (*L. 19 Maggio 1975, n. 151*) e la **riforma della Filiazione** [27] del 2013, nonché i capitoli di mero contenuto procedurale.

Titolo III
Delle successioni testamentarie

Capo I
Disposizioni generali

Art. 587
Testamento
Il testamento è un atto revocabile con il quale taluno dispone, per il tempo in cui avrà cessato di vivere, di tutte le proprie sostanze o di parte di esse.
Le disposizioni di carattere non patrimoniale, che la legge consente siano contenute in un testamento, hanno efficacia, se contenute in un atto che ha la forma del testamento, anche se manchino disposizioni di carattere patrimoniale.

---

[27] *Decreto Legislativo 28 dicembre 2013, n. 154* pubblicato in Gazzetta Ufficiale 8 gennaio 2014, n. 5, intitolato *Modifica della normativa vigente al fine di eliminare ogni residua discriminazione rimasta nel nostro ordinamento fra i figli nati nel e fuori dal matrimonio, così garantendo la completa eguaglianza giuridica degli stessi*.

Art. 588
Disposizioni a titolo universale e a titolo particolare
Le disposizioni testamentarie, qualunque sia l'espressione o la denominazione usata dal testatore, sono a titolo universale e attribuiscono la qualità di erede, se comprendono l'universalità o una quota dei beni del testatore. Le altre disposizioni sono a titolo particolare e attribuiscono la qualità di legatario.

L'indicazione di beni determinati o di un complesso di beni non esclude che la disposizione sia a titolo universale, quando risulta che il testatore ha inteso assegnare quei beni come quota del patrimonio.

Art. 589
Testamento congiuntivo o reciproco
Non si può fare testamento da due o più persone nel medesimo atto, né a vantaggio di un terzo, né con disposizione reciproca.

Art. 590
Conferma ed esecuzione volontaria di disposizioni testamentarie nulle
La nullità della disposizione testamentaria, da qualunque causa dipenda, non può essere fatta valere da chi, conoscendo la causa della nullità, ha, dopo la morte del testatore, confermato la disposizione o dato ad essa volontaria esecuzione.

Capo II
Della capacità di disporre per testamento

Art. 591
Casi d'incapacità
Possono disporre per testamento tutti coloro che non sono stati dichiarati incapaci dalla legge.
Sono incapaci di testare:
    1) coloro che non hanno compiuto la maggiore età ;

2) gli interdetti per infermità di mente ;
3) quelli che, sebbene non interdetti, si provi essere stati, per qualsiasi causa, anche transitoria, incapaci di intendere o di volere nel momento in cui fecero testamento.
Nei casi d'incapacità preveduti dal presente articolo il testamento può essere impugnato da chiunque vi ha interesse.
L'azione si prescrive nel termine di cinque anni dal giorno in cui è stata data esecuzione alle disposizioni testamentarie.

Capo III
Della capacità di ricevere per testamento

Art. 592
Figli naturali riconosciuti o riconoscibili
Articolo dichiarato illegittimo dalla Corte Costituzionale con la Sent. n. 205 del 28 Dicembre 1970.

Art. 593
Figli naturali non riconoscibili
Articolo abrogato dalla Legge 19 maggio 1975, n. 151 (riforma del Diritto di Famiglia).

Art. 594
Assegno ai figli nati fuori dal matrimonio non riconoscibili
Gli eredi, i legatari e i donatari sono tenuti, in proporzione a quanto hanno ricevuto, a corrispondere ai figli nati fuori dal matrimonio di cui all'articolo 279 un assegno vitalizio nei limiti stabiliti dall'articolo 580, se il genitore non ha disposto per donazione o testamento in favore dei figli medesimi. Se il genitore ha disposto in loro favore, essi possono rinunziare alla disposizione e chiedere l'assegno.
Articolo così modificato dal D.Lgs. 28 dicembre 2013, n. 154

Art. 595
Coniuge del binubo
Articolo abrogato dalla Legge 19 maggio 1975, n. 151 (riforma del Diritto di Famiglia).

Art. 596
Incapacità del tutore e del protutore
Sono nulle le disposizioni testamentarie della persona sottoposta a tutela in favore del tutore, se fatte dopo la nomina di questo e prima che sia approvato il conto o sia estinta l'azione per il rendimento del conto medesimo, quantunque il testatore sia morto dopo l'approvazione. Questa norma si applica anche al protutore, se il testamento è fatto nel tempo in cui egli sostituiva il tutore.
Sono però valide le disposizioni fatte in favore del tutore o del protutore che è ascendente, discendente, fratello, sorella o coniuge del testatore.

Art. 597
Incapacità del notaio, dei testimoni e dell'interprete
Sono nulle le disposizioni a favore del notaio o di altro ufficiale che ha ricevuto il testamento pubblico, ovvero a favore di alcuno dei testimoni o dell'interprete intervenuti al testamento medesimo.

Art. 598
Incapacità di chi ha scritto o ricevuto il testamento segreto
Sono nulle le disposizioni a favore della persona che ha scritto il testamento segreto, salvo che siano approvate di mano dello stesso testatore o nell'atto della consegna. Sono pure nulle le disposizioni a favore del notaio a cui il testamento segreto è stato consegnato in plico non sigillato.

Art. 599
Persone interposte

Le disposizioni testamentarie a vantaggio delle persone incapaci indicate dagli articoli 596, 597 e 598 sono nulle anche se fatte sotto nome d'interposta persona.

Sono reputate persone interposte il padre, la madre, i discendenti e il coniuge della persona incapace, anche se chiamati congiuntamente con l'incapace.

Articolo parzialmente abrogato dalla Sentenze della Corte Costituzionale 28 Dicembre 1970, n. 205 (per quanto attiene al richiamo agli artt. 592 e 593 c.c. e 20 Dicembre 1979 n.153, per quanto attiene il richiamo all'art. 595 c.c.

Art. 600
Enti non riconosciuti

Articolo abrogato dalla Legge 15 maggio 1997, n. 127 (cosiddetta Bassanini bis, per la semplificazione amministrativa).

Capo IV
Della forma dei testamenti

Sezione I
Dei testamenti ordinari

Art. 601
Forme

Le forme ordinarie di testamento sono il testamento olografo e il testamento per atto di notaio.

Il testamento per atto di notaio è pubblico o segreto.

Art. 602
Testamento olografo

Il testamento olografo deve essere scritto per intero, datato e sottoscritto di mano del testatore.

La sottoscrizione deve essere posta alla fine delle disposizioni. Se anche non è fatta indicando nome e cognome, è tuttavia valida quando designa con certezza la persona del testatore.

La data deve contenere l'indicazione del giorno, mese e anno. La prova della non verità della data è ammessa soltanto quando si tratta di giudicare della capacità del testatore, della priorità di data tra più testamenti o di altra questione da decidersi in base al tempo del testamento.

Art. 603
Testamento pubblico

Il testamento pubblico è ricevuto dal notaio in presenza di due testimoni.

Il testatore, in presenza dei testimoni, dichiara al notaio la sua volontà, la quale è ridotta in iscritto a cura del notaio stesso. Questi dà lettura del testamento al testatore in presenza dei testimoni. Di ciascuna di tali formalità è fatta menzione nel testamento.

Il testamento deve indicare il luogo, la data del ricevimento e l'ora della sottoscrizione, ed essere sottoscritto dal testatore, dai testimoni e dal notaio. Se il testatore non può sottoscrivere, o può farlo solo con grave difficoltà, deve dichiararne la causa e il notaio deve menzionare questa dichiarazione prima della lettura dell'atto.

Per il testamento del muto o sordo si osservano le norme stabilite dalla legge notarile per gli atti pubblici di queste persone. Qualora il testatore sia incapace anche di leggere, devono intervenire quattro testimoni.

Art. 604
Testamento segreto

Il testamento segreto può essere scritto dal testatore o da un terzo. Se è scritto dal testatore deve essere sottoscritto da lui alla fine delle disposizioni; se è scritto in tutto o in parte da altri, o se è scritto con mezzi meccanici, deve portare la sottoscrizione del testatore anche in ciascun mezzo foglio, unito o separato.

Il testatore che sa leggere ma non sa scrivere, o che non ha potuto apporre la sottoscrizione quando faceva scrivere le proprie disposizioni, deve altresì dichiarare al notaio, che riceve il testamento, di averlo letto ed aggiungere la causa che gli ha impedito di sottoscriverlo: di ciò si fa menzione nell'atto di ricevimento.
Chi non sa o non può leggere non può fare testamento segreto.

Art. 605
Formalità del testamento segreto
La carta su cui sono stese le disposizioni o quella che serve da involto deve essere sigillata con impronta, in guisa che il testamento non si possa aprire né estrarre senza rottura o alterazione.
Il testatore, in presenza di due testimoni, consegna personalmente al notaio la carta così sigillata, o la fa sigillare nel modo sopra indicato in presenza del notaio e dei testimoni, e dichiara che in questa carta è contenuto il suo testamento. Il testatore, se è muto o sordo, deve scrivere tale dichiarazione in presenza dei testimoni e deve pure dichiarare per iscritto di aver letto il testamento, se questo è stato scritto da altri.
Sulla carta in cui dal testatore è scritto o involto il testamento, o su un ulteriore involto predisposto dal notaio e da lui debitamente sigillato, si scrive l'atto di ricevimento nel quale si indicano il fatto della consegna e la dichiarazione del testatore, il numero e l'impronta dei sigilli, e l'assistenza dei testimoni a tutte le formalità.
L'atto deve essere sottoscritto dal testatore, dai testimoni e dal notaio.
Se il testatore non può, per qualunque impedimento, sottoscrivere l'atto della consegna, si osserva quel che è stabilito circa il testamento per atto pubblico. Tutto ciò deve essere fatto di seguito e senza passare ad altri atti.

Art. 606
Nullità del testamento per difetto di forma
Il testamento è nullo quando manca l'autografia o la sottoscrizione nel caso di testamento olografo, ovvero manca la redazione per iscritto, da

parte del notaio, delle dichiarazioni del testatore o la sottoscrizione dell'uno o dell'altro, nel caso di testamento per atto di notaio.

Per ogni altro difetto di forma il testamento può essere annullato su istanza di chiunque vi ha interesse. L'azione di annullamento si prescrive nel termine di cinque anni dal giorno in cui è stata data esecuzione alle disposizioni testamentarie.

Art. 607
Validità del testamento segreto come olografo

Il testamento segreto, che manca di qualche requisito suo proprio, ha effetto come testamento olografo, qualora di questo abbia i requisiti.

Art. 608
Ritiro di testamento segreto od olografo

Il testamento segreto e il testamento olografo che è stato depositato possono dal testatore essere ritirati in ogni tempo dalle mani del notaio presso il quale si trovano.

A cura del notaio si redige verbale della restituzione; il verbale è sottoscritto dal testatore, da due testimoni e dal notaio; se il testatore non può sottoscrivere, se ne fa menzione.

Quando il testamento è depositato in un pubblico archivio, il verbale è redatto dall'archivista e sottoscritto dal testatore, dai testimoni e dall'archivista medesimo.

Della restituzione del testamento si prende nota in margine o in calce all'atto di consegna o di deposito.

Sezione II
Dei testamenti speciali

Art. 609
Malattie contagiose, calamità pubbliche o infortuni

Quando il testatore non può valersi delle forme ordinarie, perché si trova in luogo dove domina una malattia reputata contagiosa, o per

causa di pubblica calamità o d'infortunio, il testamento è valido se ricevuto da un notaio, dal giudice di pace del luogo, dal sindaco o da chi ne fa le veci, o da un ministro di culto, in presenza di due testimoni di età non inferiore a sedici anni.
Il testamento è redatto e sottoscritto da chi lo riceve; è sottoscritto anche dal testatore e dai testimoni. Se il testatore o i testimoni non possono sottoscrivere, se ne indica la causa.

Art. 610
Termine di efficacia
Il testamento ricevuto nel modo indicato dall'articolo precedente perde la sua efficacia tre mesi dopo la cessazione della causa che ha impedito al testatore di valersi delle forme ordinarie.
Se il testatore muore nell'intervallo, il testamento deve essere depositato, appena è possibile, nell'archivio notarile del luogo in cui è stato ricevuto.

Art. 611
Testamento a bordo di nave
Durante il viaggio per mare il testamento può essere ricevuto a bordo della nave dal comandante di essa.
Il testamento del comandante può essere ricevuto da colui che lo segue immediatamente in ordine di servizio.

Art. 612
Forme
Il testamento indicato dall'articolo precedente è redatto in doppio originale alla presenza di due testimoni e deve essere sottoscritto dal testatore, dalla persona che lo ha ricevuto e dai testimoni; se il testatore o i testimoni non possono sottoscrivere, si deve indicare il motivo che ha impedito la sottoscrizione.
Il testamento è conservato tra i documenti di bordo ed è annotato sul giornale di bordo ovvero sul giornale nautico e sul ruolo d'equipaggio.

Art. 613
Consegna
Se la nave approda a un porto estero in cui vi sia un'autorità consolare, il comandante è tenuto a consegnare all'autorità medesima uno degli originali del testamento e una copia dell'annotazione fatta sul giornale di bordo ovvero sul giornale nautico e sul ruolo di equipaggio.
Al ritorno della nave nella Repubblica i due originali del testamento o quello non depositato durante il viaggio, devono essere consegnati all'autorità marittima locale insieme con la copia della predetta annotazione.
Della consegna si rilascia dichiarazione, di cui si fa cenno in margine all'annotazione sopraindicata.

Art. 614
Verbale di consegna
L'autorità marittima o consolare locale deve redigere verbale della consegna del testamento e trasmettere il verbale e gli atti ricevuti al Ministero della difesa o al Ministero delle infrastrutture e dei trasporti secondo che il testamento sia stato ricevuto a bordo di una nave della marina militare o di una nave della marina mercantile. Il Ministero ordina il deposito di uno degli originali nel suo archivio, e trasmette l'altro all'archivio notarile del luogo del domicilio o dell'ultima residenza del testatore.

Art. 615
Termine di efficacia
Il testamento fatto durante il viaggio per mare, nella forma stabilita dagli articoli 611 e seguenti, perde la sua efficacia tre mesi dopo lo sbarco del testatore in un luogo dove è possibile fare testamento nelle forme ordinarie.

Art. 616
Testamento a bordo di aeromobile
Al testamento fatto a bordo di un aeromobile durante il viaggio si applicano le disposizioni degli articoli 611 a 615.
Il testamento è ricevuto dal comandante, in presenza di uno o, quando è possibile, di due testimoni.
Le attribuzioni delle autorità marittime a norma degli articoli 613 e 614 spettano alle autorità aeronautiche.
Il testamento è annotato sul giornale di bordo.

Art. 617
Testamento dei militari e assimilati
Il testamento dei militari e delle persone al seguito delle forze armate dello Stato può essere ricevuto da un ufficiale o da un cappellano militare o da un ufficiale della Croce rossa, in presenza di due testimoni; esso deve essere sottoscritto dal testatore, dalla persona che lo ha ricevuto e dai testimoni. Se il testatore o i testimoni non possono sottoscrivere, si deve indicare il motivo che ha impedito la sottoscrizione.
Il testamento deve essere al più presto trasmesso al quartiere generale e da questo al Ministero competente, che ne ordina il deposito nell'archivio notarile del luogo del domicilio o dell'ultima residenza del testatore.

Art. 618
Casi e termini d'efficacia
Nella forma speciale stabilita dall'articolo precedente possono testare soltanto coloro i quali, appartenendo a corpi o servizi mobilitati o comunque impegnati in guerra, si trovano in zona di operazioni belliche o sono prigionieri presso il nemico, e coloro che sono acquartierati o di presidio fuori della Repubblica o in luoghi dove siano interrotte le comunicazioni.
Il testamento perde la sua efficacia tre mesi dopo il ritorno del testatore in un luogo dove è possibile far testamento nelle forme ordinarie.

Art. 619
Nullità
I testamenti previsti in questa sezione sono nulli quando manca la redazione in iscritto della dichiarazione del testatore ovvero la sottoscrizione della persona autorizzata a riceverla o del testatore.
Per gli altri difetti di forma si osserva il disposto del secondo comma dell'articolo 606.

Sezione III
Della pubblicazione dei testamenti olografi
e dei testamenti segreti

Art. 620
Pubblicazione del testamento olografo
Chiunque è in possesso di un testamento olografo deve presentarlo a un notaio per la pubblicazione, appena ha notizia della morte del testatore.
Chiunque crede di avervi interesse può chiedere, con ricorso al tribunale del circondario in cui si è aperta la successione, che sia fissato un termine per la presentazione.
Il notaio procede alla pubblicazione del testamento in presenza di due testimoni, redigendo nella forma degli atti pubblici un verbale nel quale descrive lo stato del testamento, ne riproduce il contenuto e fa menzione della sua apertura, se è stato presentato chiuso con sigillo. Il verbale è sottoscritto dalla persona che presenta il testamento, dai testimoni e dal notaio. Ad esso sono uniti la carta in cui è scritto il testamento, vidimata in ciascun mezzo foglio dal notaio e dai testimoni, e l'estratto dell'atto di morte del testatore o copia del provvedimento che ordina l'apertura degli atti di ultima volontà dell'assente o della sentenza che dichiara la morte presunta.
Nel caso in cui il testamento è stato depositato dal testatore presso un notaio, la pubblicazione è eseguita dal notaio depositario.
Avvenuta la pubblicazione, il testamento olografo ha esecuzione.

Per giustificati motivi, su istanza di chiunque vi ha interesse, il tribunale può disporre che periodi o frasi di carattere non patrimoniale siano cancellati dal testamento e omessi nelle copie che fossero richieste, salvo che l'autorità giudiziaria ordini il rilascio di copia integrale.

Ai sensi del D. L.vo 19 Febbraio 1998, n. 51, l'ufficio del pretore è soppresso a decorrere dal 2 Giugno 1999, fatta salva l'attività necessaria per l'esaurimento degli affari pendenti, e le relative competenze sono trasferite al tribunale ordinario. Il presente articolo e quelli che seguono sono pertanto adeguati alla novella.

Art. 621
Pubblicazione del testamento segreto
Il testamento segreto deve essere aperto e pubblicato dal notaio appena gli perviene la notizia della morte del testatore. Chiunque crede di avervi interesse può chiedere, con ricorso al tribunale del circondario in cui si è aperta la successione, che sia fissato un termine per l'apertura e la pubblicazione.
Si applicano le disposizioni del terzo comma dell'articolo 620.

Art. 622
Comunicazione dei testamenti al tribunale
Il notaio deve trasmettere alla cancelleria del tribunale, nella cui giurisdizione si è aperta la successione, copia in carta libera dei verbali previsti dagli articoli 620 e 621 e del testamento pubblico.

Art. 623
Comunicazioni agli eredi e legatari
Il notaio che ha ricevuto un testamento pubblico, appena gli è nota la morte del testatore, o, nel caso di testamento olografo o segreto, dopo la pubblicazione, comunica l'esistenza del testamento agli eredi e legatari di cui conosce il domicilio o la residenza.

Capo V
Dell'istituzione di erede e dei legati

Sezione I
Disposizioni generali

Art. 624
Violenza, dolo, errore
La disposizione testamentaria può essere impugnata da chiunque vi abbia interesse quando è l'effetto di errore, di violenza, o di dolo.
L'errore sul motivo, sia esso di fatto o di diritto, è causa di annullamento della disposizione testamentaria, quando il motivo risulta dal testamento ed è il solo che ha determinato il testatore a disporre.
L'azione si prescrive in cinque anni dal giorno in cui si è avuta notizia della violenza, del dolo o dell'errore.

Art. 625
Erronea indicazione dell'erede o del legatario o della cosa che forma oggetto della disposizione
Se la persona dell'erede o del legatario è stata erroneamente indicata, la disposizione ha effetto, quando dal contesto del testamento o altrimenti risulta in modo non equivoco quale persona il testatore voleva nominare.
La disposizione ha effetto anche quando la cosa che forma oggetto della disposizione è stata erroneamente indicata o descritta, ma è certo a quale cosa il testatore intendeva riferirsi.

Art. 626
Motivo illecito
Il motivo illecito rende nulla la disposizione testamentaria, quando risulta dal testamento ed è il solo che ha determinato il testatore a disporre.

Art. 627
Disposizione fiduciaria
Non è ammessa azione in giudizio per accertare che le disposizioni fatte a favore di persona dichiarata nel testamento sono soltanto apparenti e che in realtà riguardano altra persona, anche se espressioni del testamento possono indicare o far presumere che si tratta di persona interposta.
Tuttavia la persona dichiarata nel testamento, se ha spontaneamente eseguito la disposizione fiduciaria trasferendo i beni alla persona voluta dal testatore, non può agire per la ripetizione, salvo che sia un incapace.
Le disposizioni di questo articolo non si applicano al caso in cui l'istituzione o il legato sono impugnati come fatti per interposta persona a favore d'incapaci a ricevere.

Art. 628
Disposizione a favore di persona incerta
È nulla ogni disposizione fatta a favore di persona che sia indicata in modo da non poter essere determinata.

Art. 629.
Disposizioni a favore dell'anima.
Le disposizioni a favore dell'anima sono valide qualora siano determinati i beni o possa essere determinata la somma da impiegarsi a tale fine.
Esse si considerano come un onere a carico dell'erede o del legatario, e si applica l'articolo 648.
Il testatore può designare una persona che curi l'esecuzione della disposizione, anche nel caso in cui manchi un interessato a richiedere l'adempimento.

Art. 630
Disposizioni a favore dei poveri
Le disposizioni a favore dei poveri e altre simili, espresse genericamente, senza che si determini l'uso o il pubblico istituto a cui beneficio sono fatte, s'intendono fatte in favore dei poveri del luogo in cui il testatore aveva il domicilio al tempo della sua morte, e i beni sono devoluti all'ente comunale di assistenza.
La precedente disposizione si applica anche quando la persona incaricata dal testatore di determinare l'uso o il pubblico istituto non può o non vuole accettare l'incarico.

Art. 631
Disposizioni rimesse all'arbitrio del terzo
È nulla ogni disposizione testamentaria con la quale si fa dipendere dall'arbitrio di un terzo l'indicazione dell'erede o del legatario, ovvero la determinazione della quota di eredità.
Tuttavia è valida la disposizione a titolo particolare in favore di persona da scegliersi dall'onerato o da un terzo tra più persone determinate dal testatore o appartenenti a famiglie o categorie di persone da lui determinate, ed è pure valida la disposizione a titolo particolare a favore di uno tra più enti determinati del pari dal testatore. Se sono indicate più persone in modo alternativo e non è stabilito chi deve fare la scelta, questa si considera lasciata all'onerato.
Se l'onerato o il terzo non può o non vuole fare la scelta, questa è fatta con decreto dal presidente del tribunale del luogo in cui si è aperta la successione, dopo avere assunto le opportune informazioni.

Art. 632
Determinazione di legato per arbitrio altrui
È nulla la disposizione che lascia al mero arbitrio dell'onerato o di un terzo di determinare l'oggetto o la quantità del legato.
Sono validi i legati fatti a titolo di rimunerazione per i servizi prestati al testatore, anche se non ne sia indicato l'oggetto o la quantità.

Sezione II
Delle disposizioni condizionali, a termine e modali

Art. 633
Condizione sospensiva o risolutiva.
Le disposizioni a titolo universale o particolare possono farsi sotto condizione sospensiva o risolutiva.

Art. 634
Condizioni impossibili o illecite
Nelle disposizioni testamentarie si considerano non apposte le condizioni impossibili e quelle contrarie a norme imperative, all'ordine pubblico o al buon costume, salvo quanto è stabilito dall'articolo 626.

Art. 635
Condizione di reciprocità
È nulla la disposizione a titolo universale o particolare fatta dal testatore a condizione di essere a sua volta avvantaggiato nel testamento dell'erede o del legatario.

Art. 636
Divieto di nozze
È illecita la condizione che impedisce le prime nozze o le ulteriori.
Tuttavia il legatario di usufrutto o di uso, di abitazione o di pensione, o di altra prestazione periodica per il caso o per il tempo del celibato o della vedovanza, non può goderne che durante il celibato o la vedovanza.

Art. 637
Termine
Si considera non apposto a una disposizione a titolo universale il termine dal quale l'effetto di essa deve cominciare o cessare.

Art. 638
Condizioni di non fare o di non dare
Se il testatore ha disposto sotto la condizione che l'erede o il legatario non faccia o non dia qualche cosa per un tempo indeterminato, la disposizione si considera fatta sotto condizione risolutiva, salvo che dal testamento risulti una contraria volontà del testatore.

Art. 639
Garanzia in caso di condizione risolutiva
Se la disposizione testamentaria è sottoposta a condizione risolutiva, l'autorità giudiziaria, qualora ne ravvisi l'opportunità, può imporre all'erede o al legatario di prestare idonea garanzia a favore di coloro ai quali l'eredità o il legato dovrebbe devolversi nel caso che la condizione si avverasse.

Art. 640
Garanzia in caso di legato sottoposto a condizione sospensiva o a termine
Se a taluno è lasciato un legato sotto condizione sospensiva o dopo un certo tempo, l'onerato può essere costretto a dare idonea garanzia al legatario, salvo che il testatore abbia diversamente disposto.
La garanzia può essere imposta anche al legatario quando il legato è a termine finale.

Art. 641
Amministrazione in caso di condizione sospensiva o di mancata prestazione di garanzia
Qualora l'erede sia istituito sotto condizione sospensiva, finché questa condizione non si verifica o non è certo che non si può più verificare, è dato all'eredità un amministratore.
Vale la stessa norma anche nel caso in cui l'erede o il legatario non adempie l'obbligo di prestare la garanzia prevista dai due articoli precedenti.

Art. 642
Persone a cui spetta l'amministrazione
L'amministrazione spetta alla persona a cui favore è stata disposta la sostituzione, ovvero al coerede o ai coeredi, quando tra essi e l'erede condizionale vi è il diritto di accrescimento.
Se non è prevista la sostituzione o non vi sono coeredi a favore dei quali abbia luogo il diritto di accrescimento, l'amministrazione spetta al presunto erede legittimo.
In ogni caso l'autorità giudiziaria, quando concorrono giusti motivi, può provvedere altrimenti.

Art. 643
Amministrazione in caso di eredi nascituri
Le disposizioni dei due precedenti articoli si applicano anche nel caso in cui sia chiamato a succedere un non concepito, figlio di una determinata persona vivente. A questa spetta la rappresentanza del nascituro, per la tutela dei suoi diritti successori, anche quando l'amministratore dell'eredità è una persona diversa.
Se è chiamato un concepito, l'amministrazione spetta al padre e alla madre.
Articolo così modificato dal D.Lgs. 28 dicembre 2013, n. 154

Art. 644
Obblighi e facoltà degli amministratori
Agli amministratori indicati dai precedenti articoli sono comuni le regole che si riferiscono ai curatori dell'eredità giacente.

Art. 645
Condizione sospensiva potestativa senza termine
Se la condizione apposta all'istituzione di erede o al legato è sospensiva potestativa e non è indicato il termine per l'adempimento gli interessati possono adire l'autorità giudiziaria perché fissi questo termine.

Art. 646
Retroattività della condizione
L'adempimento della condizione ha effetto retroattivo; ma l'erede o il legatario, nel caso di condizione risolutiva, non è tenuto a restituire i frutti se non dal giorno in cui la condizione si è verificata. L'azione per la restituzione dei frutti si prescrive in cinque anni.

Art. 647
Onere
Tanto all'istituzione di erede quanto al legato può essere apposto un onere.
Se il testatore non ha diversamente disposto, l'autorità giudiziaria, qualora ne ravvisi l'opportunità, può imporre all'erede o al legatario gravato dall'onere una cauzione.
L'onere impossibile o illecito si considera non apposto; rende tuttavia nulla la disposizione, se ne ha costituito il solo motivo determinante.

Art. 648
Adempimento dell'onere
Per l'adempimento dell'onere può agire qualsiasi interessato.
Nel caso d'inadempimento dell'onere, l'autorità giudiziaria può pronunziare la risoluzione della disposizione testamentaria, se la risoluzione è stata prevista dal testatore, o se l'adempimento dell'onere ha costituito il solo motivo determinante della disposizione.

Sezione III
Dei legati

Sezione IV
Del diritto di accrescimento
omissa

Sezione V
Della revocazione delle disposizioni testamentarie

Art. 679
Revocabilità del testamento
Non si può in alcun modo rinunziare alla facoltà di revocare o mutare le disposizioni testamentarie: ogni clausola o condizione contraria non ha effetto.

Art. 680
Revocazione espressa
La revocazione espressa può farsi soltanto con un nuovo testamento, o con un atto ricevuto da notaio in presenza di due testimoni, in cui il testatore personalmente dichiara di revocare, in tutto o in parte, la disposizione anteriore.

Art. 681
Revocazione della revocazione
La revocazione totale o parziale di un testamento può essere a sua volta revocata sempre con le forme stabilite dall'articolo precedente. In tal caso rivivono le disposizioni revocate.

Art. 682
Testamento posteriore
Il testamento posteriore, che non revoca in modo espresso i precedenti, annulla in questi soltanto le disposizioni che sono con esso incompatibili.

Art. 683
Testamento posteriore inefficace
La revocazione fatta con un testamento posteriore conserva la sua efficacia anche quando questo rimane senza effetto perché l'erede

istituito o il legatario è premorto al testatore, o è incapace o indegno, ovvero ha rinunziato all'eredità o al legato.

Art. 684
Distruzione del testamento olografo
Il testamento olografo distrutto, lacerato o cancellato, in tutto o in parte, si considera in tutto o in parte revocato, a meno che si provi che fu distrutto, lacerato o cancellato da persona diversa dal testatore, ovvero si provi che il testatore non ebbe l'intenzione di revocarlo.

Art. 685
Effetti del ritiro del testamento segreto
Il ritiro del testamento segreto, a opera del testatore, dalle mani del notaio o dell'archivista presso cui si trova depositato, non importa revocazione del testamento quando la scheda testamentaria può valere come testamento olografo.

Art. 686
Alienazione e trasformazione della cosa legata
L'alienazione che il testatore faccia della cosa legata o di parte di essa, anche mediante vendita con patto di riscatto, revoca il legato riguardo a ciò che è stato alienato, anche quando l'alienazione è annullabile per cause diverse dai vizi del consenso, ovvero la cosa ritorna in proprietà del testatore.
Lo stesso avviene se il testatore ha trasformato la cosa legata in un'altra, in guisa che quella abbia perduto la precedente forma e la primitiva denominazione.
È ammessa la prova di una diversa volontà del testatore.

Art. 687
Revocazione per sopravvenienza di figli
Le disposizioni a titolo universale o particolare, fatte da chi al tempo del testamento non aveva o ignorava di aver figli o discendenti, sono revocate di diritto per l'esistenza o la sopravvenienza di un figlio o di-

scendente del testatore, benché postumo, o anche adottivo, ovvero per il riconoscimento di un figlio nato fuori dal matrimonio.
La revocazione ha luogo anche se il figlio è stato concepito al tempo del testamento.
La revocazione non ha invece luogo qualora il testatore abbia provveduto al caso che esistessero o sopravvenissero figli o discendenti da essi.
Se i figli o discendenti non vengono alla successione e non si fa luogo a rappresentazione, la disposizione ha il suo effetto.
Articolo così modificato dal D.Lgs. 28 dicembre 2013, n. 154

Capo VI
Delle sostituzioni

Sezione I
Della sostituzione ordinaria

Art. 688
Casi di sostituzione ordinaria
Il testatore può sostituire all'erede istituito altra persona per il caso che il primo non possa o non voglia accettare l'eredità.
Se il testatore ha disposto per uno solo di questi casi, si presume che egli si sia voluto riferire anche a quello non espresso, salvo che consti una sua diversa volontà.

Art. 689
Sostituzione plurima - Sostituzione reciproca
Possono sostituirsi più persone a una sola e una sola a più.
La sostituzione può anche essere reciproca tra i coeredi istituiti. Se essi sono stati istituiti in parti disuguali, la proporzione fra le quote fissate nella prima istituzione si presume ripetuta anche nella sostituzione. Se nella sostituzione insieme con gli istituiti è chiamata un'altra persona, la quota vacante viene divisa in parti uguali tra tutti i sostituiti.

Art. 690
Obblighi dei sostituiti
I sostituiti devono adempiere gli obblighi imposti agli istituiti, a meno che una diversa volontà sia stata espressa dal testatore o si tratti di obblighi di carattere personale.

Art. 691
Sostituzione ordinaria nei legati
Le norme stabilite in questa sezione si applicano anche ai legati.

Sezione II
Della sostituzione fedecommissaria
omissa

Capo VII
Degli esecutori testamentari
omissa

Il testamento del non vedente

La persona priva della vista ha pieno diritto di disporre dei propri beni dopo la morte con lo strumento testamentario, in alternativa alla successione legittima. La Legge però impone delle limitazioni al tipo di testamento che il non vedente può redigere; il *testamento olografo* deve essere integralmente *manoscritto* dal testatore, e non è in particolare consentita la scrittura meccanica, nella fattispecie attraverso l'alfabeto Braille. Inoltre, sussistono *perplessità* giuridiche circa gli scritti eseguiti con strumenti quali i *guidafirma* (usati tra l'altro, anche dai sordo-ciechi) per le difficoltà di attribuzione della scrittura così eseguita al suo autore.

Il *testamento segreto* è precluso al non vedente dall'ultimo comma dell'art. 604 c.c. - *chi non sa o non può leggere non può fare testamento segreto* - in quanto si ritiene prevalente la difesa del testatore dalle eventuali, ad esempio, sostituzioni, rispetto al diritto di non rendere note ad alcuno, testimoni compresi, le proprie ultime volontà.

La preclusione alla redazione del *testamento segreto* è ribadita dall'*art. 2 della Legge n. 18 del 3 Febbraio 1975, Provvedimenti in favore dei ciechi*, richiamando espressamente il citato art. 604 c.c.

Resta, pertanto, il *testamento pubblico*, regolato dall'art. 603 c.c.

Il *testamento pubblico* è ricevuto dal Notaio alla presenza di *due testimoni* ; nel caso che la persona non vedente *non sappia sottoscrivere*, ovvero sappia *solo apporre il crocesegno*, è obbligatoria la presenza di *due assistenti del non vedente*.

Qualora sia in grado di sottoscrivere, il non vedente può richiedere, facoltativamente, la presenza di un proprio assistente. Il teste di cui alla legge speciale è *persona di fiducia del cieco*, la cui partecipazione alla stesura dell'atto è *funzionale alla tutela ed ausilio del cieco stesso*.

Il cieco non è, in quanto tale, impedito ad apporre la sua firma, la quale - anche se proveniente soggetto privo di vista - è degna espressione dell'essere umano, e non già per definizione sgorbio illeggibile. (*Cassazione, II Sezione, sentenza 12437/1997,* cfr. *pag. 81* di questo volume).

Si evidenzia, inoltre, che **la capacità di firmare del non vedente è da ritenersi la norma, costituendo eccezionalità che deve essere adeguatamente documentata l'evento contrario** (*Cassazione, II Sezione , sentenza 8346/2014 -* cfr. *pag. 85*).

Nel *testamento segreto* il testatore dichiara al Notaio le sua volontà e questi le riporta per iscritto sull'atto, che viene poi letto e sottoscritto secondo le modalità poc'anzi descritte.

L'olografo di mano del procuratore speciale

In conclusione di questo volume, consideriamo, quasi *a titolo di esercizio* (e comunque di *esempio*), un caso che evidenzi la complessità del *Diritto delle Successioni* e la gravità morale dei problemi che debbono essere oggi affrontati.

A *pagina 87* abbiamo riportato la sentenza *2184/2012* della *Corte di Appello di Roma, Sezione III*, in merito alla possibilità, per un paziente affetto da malattia invalidante, nel caso la *sclerosi laterale amiotrofica* (SLA), di redigere testamento.

La Corte rispondeva positivamente in merito al *diritto a testare*, evidentemente non del tutto acquisito alla società, riconoscendo al malato la possibilità di *dettare le sue volontà al proprio amministratore di sostegno, avvalendosi del comunicatore oculare.*

Le questioni appena accennate per il *testamento del non vedente* vengono qui riproposte: non è possibile il *testamento olografo*, non è possibile il *testamento segreto*, resta il solo *testamento pubblico*, sulle modalità di redazione del quale si è espressa la Corte nei modi appena descritti.

La tecnologia corrente, in verità, potrebbe già oggi garantire una *firma*, ancorché *latu sensu*, intesa come *impronta e sigillo della volontà individuale*, utilizzando lo stesso comunicatore oculare, sinergicamente affiancato da altre tecnologie, si pensi solo alle realizzazioni del neuroscienziato Michel Nicolelis, che consentono di trasmettere comandi *direttamente* dal cervello ad una estensione elettromeccanica.

Consideriamo ora il caso del decreto del *Giudice Tutelare del Tribunale di Varese*, dott. G. Buffone, del *12 Marzo 2012*. Con tale decreto il Giudice Tutelare risponde all'istanza di un soggetto affetto dalla *malattia di Charcot-Marie-Tooth* in forma grave, *impossibilitato a scrivere* e costretto al *comunicatore oculare*, ammesso al beneficio dell'*amministrazione di sostegno*.

Nell'istanza il soggetto richiede al Giudice Tutelare di poter redigere, con le opportune misure che il Tribunale vorrà indicare, un *testamento olografo*.

Nel decreto emanato dal Giudice, anzitutto, sottolinea come non possa essere messa in forse la capacità di intendere e di volere del beneficiario di amministrazione di sostegno, fatte salve particolari situazioni in cui lo stesso Giudice Tutelare (art. 411 c.c.) possa disporre precise limitazioni o decadenze previste dalla Legge per gli interdetti o gli inabilitati. Si ricorda che il beneficiario di amministrazione di sostegno non è indicato tra i soggetti elencati all'art. 591 c.c. tra gli incapaci a disporre per testamento.

Il Giudice risponde positivamente anche alla richiesta dell'infermo di poter redigere un *testamento olografo - olografo*, si sottolinea, non *pubblico*, né *segreto*.

Per consentire la redazione dell'atto, il Tribunale nomina un *curatore speciale*, perché si rechi dal malato e, *alla presenza del suo amministratore di sostegno*, chieda al malato stesso di redigere *a video*, attraverso il comunicatore oculare, il suo testamento.

Verbatim: *Della schermata a video il curatore dovrà raccogliere rappresentazione fotografica. A questo punto, il curatore riporterà le volontà del beneficiario su un atto scritto di suo pugno*, **secondo la forma di cui all'art. 602 c.c.** *Ogni foglio sarà sottoscritto come segue: "il sottoscritto curatore in rappresentanza sostitutiva del beneficiario e per suo conto ai sensi dell'art. 409 c.c. giusta il decreto del Tribunale di Varese del 12.3.2012". Il testamento olografo verrà depositato in casa del beneficiario, in luogo da lui indicato e copia dello stesso, con le rappresentazioni fotografiche, verrà depositata agli atti del procedimento*.

In sostanza, si realizza **un testamento olografo non di mano del testatore, ma del curatore speciale nominato dal Tribunale, alla presenza dell'amministratore di sostegno.**

La decisione coinvolge molteplici aspetti giuridici e morali.

Il *testamento olografo*, come scritto praticamente in ogni pagina di questo volumetto, secondo il dettato dell'art. 602 c.c., *deve essere scritto per intero, datato e sottoscritto di mano del testatore*.

Non vi è motivo di preclusione alla redazione del proprio *testamento, olografo* o in ogni altra forma a chi soffra di grave malattia o benefici della amministrazione di sostegno, la preclusione, come abbiamo scritto in precedenza è imposta dalla Legge *a chi non è in grado di scrivere*, per il *testamento olografo* e per il *testamento segreto*.

La Legge vieta espressamente poteri sostitutivi nella redazione di un *testamento olografo*, né tale rappresentanza può certo essere attribuita ad un curatore speciale, né consente per le questioni di garanzia della volontà del testatore prima accennate che questo possa regolare le proprie volontà con *un atto strettamente privato*, quale è l'*olografo*.

Dal punto di vista *strettamente normativo* la redazione delle volontà testamentarie, nella forma stabilita dal decreto del Tribunale di Varese è *ampiamente contestabile*.

Dal punto di vista morale - e dal punto di vista della ricerca di strumenti giuridici innovativi, capaci di rispondere ad istanze pressoché inesistenti al tempo della creazione della norma[28] - il Giudice ha senz'altro ritenuto nettamente superiore il riconoscimento ed il rispetto del diritto a testare in forma ordinaria dell'infermo rispetto alla rigidità della Legge.

Le opposte tensioni conseguenti al prolungarsi della vita, come scrive nella II Parte (*pag. 37*) Marisa Aloia: sia il Notaio che si preoccupa dell'avvento del Viagra, sia le istanze di *normalità del Diritto* che conseguono all'aumento delle malattie degenerative, richiedono nuovi strumenti, a gran voce.

---

[28] L'approvazione del testo del Codice Civile è avvenuta con il *Regio Decreto 16 Marzo 1942, n. 262* - nonostante il vero e proprio *assalto* subìto in quasi 75 anni di vita, l'impianto del Codice rimane costante.

Bibliografia

Aa.Vv.
Successioni mortis causa nella famiglia legittima e naturale
CEDAM, Milano 2012

Vincenzo Barba
Testamento olografo scritto di mano dal curatore del beneficiario di amministrazione di sostegno
Famiglia, Persone e Successioni VI, Giugno 2012 pagg. 436-447

Remo Bassetti
Contratti di convivenza e di unione civile
Giappichelli, Roma 2014

Alain Buquet
Graphologie de personnalité et d'identification
Expansion Sciéntifique (Elsevier), Paris 2000

Alain Buquet
Précis de pathologie graphique
Expansion. Sciéntifique (Elsevier), Paris 1999

Giovanni Casu, Gianluca Sicchiero
Legge notarile commentata
UTET Giuridica, Torino 2010

Bruno De Filippis, Gian Mario Felicetti, Gabriella Friso, Filomena Gallo
Certi Diritti che le coppie conviventi non sanno di avere
Stampa Alternativa, Viterbo 2012

Salvatore De Matteis
Essendo capace di intendere e di volere, guida al testamento narrativo
IX ed. - Sellerio, Palermo 2002
(I ed. Palermo 1992)

Vincenzo M. Mastronardi, Sante Bidoli, Monica Calderaro
Grafologia giudiziaria e psicopatologia forense. Metodologia di indagine nel falso grafico e la capacità di intendere e di volere dalla grafia. Giurisprudenza
Giuffré, II, Milano 2010

Albert S. Osborn
The Problem of Proof, especially as exemplified in disputed documents trials
Boyd, Albany 1946

Gelsomina Salito
Autodeterminazione e cure mediche. Il testamento biologico
Giappichelli, Roma 2012

Ascanio Trojani
Divieti, Imposizioni, Vincoli : una breve rassegna di mezzi tecnici a disposizione del Perito
VII Convegno Nazionale - Istituto di Grafologia Forense - Mesagne 7-9 Settembre 2012

Augusto Vels
Escritura y Personalidad - Las bases científicas de la Grafologia aplicadas a la Seleccíon de Personal, a la Psicología Clinica, a la Pedagogía, a los estudos biográficos y a la investogación de la conducta en general
Herder, Barcelona 2010

Bruno Vettorazzo
Grafologia giudiziaria e perizia grafica
Giuffré, Milano 2004

Bruno Vettorazzo
Metodologia della perizia grafica su base grafologica
Giuffré, Milano 1998

Francisco Viñals, Maria Luz Puente
Grafología Criminal
Herder, Barcelona 2009

Trattato di diritto delle successioni e donazioni
diretto da Giovanni Bonilini
Giuffré, Milano 2009 (7 volumi)

Il Testamento Olografo - Aspetti Giuridici Clinici Grafologici
Atti del I Convegno Nazionale - Mesagne 24/26 Giugno 2000
Giordano Editore

I Libri del Perito

I - Strumenti Giuridici per la Perizia Grafica
Ascanio Trojani - Marisa Aloia - Marlis Molinari

II - Strumenti Giuridici e Tecnici per la Perizia su Testamenti
Ascanio Trojani - Marisa Aloia - Marlis Molinari

III - Articoli 1985-2005
Ascanio Trojani

IV - Articoli e Note
Marisa Aloia

V - I Delitti di Jenne ed altre questioni sulla perizia
Marlis Molinari

VI - La Firma nell'Era Digitale : Introduzione

VII - Le Q.A.F. - Questioni Altrimenti Formulate

VIII - Strumenti Giuridici per la Perizia Grafica - II ed.
Ascanio Trojani - Marisa Aloia - Marlis Molinari

www.ingramcontent.com/pod-product-compliance
Lightning Source LLC
Chambersburg PA
CBHW072211170526
45158CB00002BA/545